张鹏

上海人的优点

深度洞悉上海人性格
帮你尽快了解融入上海

国内 **首部** 微信体
关于上海和上海人的解说！

上海人的优点
上海人的缺点

上海大学出版社

图书在版编目(CIP)数据

上海人的优点/张鹏编著. —上海：上海大学出版社，2017.4
ISBN 978-7-5671-2718-0

Ⅰ.①上… Ⅱ.①张… Ⅲ.①上海—概况 Ⅳ.①K925.1

中国版本图书馆 CIP 数据核字(2017)第 062234 号

责任编辑：黄晓彦　徐雁华
美术编辑：施羲雯
技术编辑：金　鑫　章　斐

书　　名	上海人的优点
作　　者	张　鹏
出版发行	上海大学出版社
社　　址	上海市上大路 99 号(邮政编码：200444)
网　　址	http://www.press.shu.edu.cn
发行热线	021－66135112
出 版 人	戴骏豪
印　　刷	上海华业装璜印刷厂有限公司
经　　销	各地新华书店
开　　本	890×1240　1/32
印　　张	6.25
字　　数	174 000
版　　次	2017 年 5 月第 1 版
印　　次	2017 年 5 月第 1 次
国际书号	ISBN 978-7-5671-2718-0/K・159
定　　价	20.00 元

序

  这是一本非常值得从头至尾仔细一读的书。因为这是一本开放性的读物,书中不但亮出了作者脚踏实地的鲜明观点,使用了平易近人、朴实而带幽默的叙述语言,而且汇集了当今关心"上海人的优点"这个话题的天南地北的包括境外的读者从不同角度出发的赞成或反对的留言,讨论是即兴的精彩的,又是平和的认真的,更好在作者几乎对每条留言都作了别有风趣的回复。这样,看整场众说纷纭的评议便很有趣味。像这样汇有较大信息量而又评议精短的书是很少见的,这要归功于微信这个平台的卓越功能。

  微信语体,言简意赅,许多话都是可以引申出去说的,尤其是作者的回复一语中的,往往有言下之音。

  对于上海人的优点和缺点这个话题,过去一再有过讨论和争议,不少学者也有专论,如陈思和、余秋雨等。记得在20世纪90年代初,杨东平先生在他的一本《城市季风——北京和上海的文化精神》中曾详细地讨论了北京和上海这两个城市"京派"和"海派"特色及其嬗变,上海女郎和北京姑娘,等等。台湾作家龙应台女士在20世纪90年代末写的关于上海男人的一篇《啊,上海男人》,曾在报刊上引起了一场争论。同样,学者易中天先生在他的《读城记》中对上海的城市精神和上海人的风貌也有精辟的论述。他说:"一个真正优秀的城市,它自身性格中的固有品质是不会轻易丧失殆尽的","上海是最像城市的城市"。

  杨东平在他的书的开头引用了徐志摩的一句诗:"我不知道风,是在哪一个方向吹?"他又说"上海是个奇迹般出落的城市享誉着世界的

'东方巴黎'"的称号。确实如此,笔者认为正因为上海都市的繁华出生,缘于一个五方杂处的移民城市,它经历了商业化的洗礼,上海人便养成了精明、活络、讲契约、崇创新、多元兼容、大气谦和的城市性格,积聚着派头大、拎得清、讲实惠、做人家、识相、上路等市俗民风。如今上海的风继续朝着繁荣的商业文化方向吹,这个移民城市又迈开了更雄健的步伐。

"张鹏工作室"在微信上创导的平实认真的讨论文风,畅所欲言,视野宽阔,亮点迭出,既讨论当今上海人的优点,也讨论当今上海人的缺点,引爆了微信圈。愿这本书的出版更能发挥其纸质体的作用,使关于上海人的讨论更加深入,让上海的优秀文化更好地传播。

钱乃荣

2017年3月30日

前　言

　　2014年,我通过微信公众号发表了一篇短文《上海人的优点》,结果几天内就被转发数万次,并出现了许多抄袭版本。2017年春节那天,上海安静得听不到一声鞭炮声,那是因为全城禁放鞭炮。我原来以为至少会有一些人违禁的,但没有想到,一个超过两千万人口的大城市,居然没有人违规,再次让我对上海人肃然起敬。鞭炮声完全是噪声污染,既没有美感,还会造成环境污染、火灾隐患、人身伤害隐患。我是禁放鞭炮的坚决支持者。这个事件触发了我重发此文的冲动。

　　结果我通过微信公众号"张鹏工作室"再次发表此文后,短短数日就有超过60万次的点击阅读量,并且有超过900条的留言。遗憾的是,微信平台只允许发表100条精选留言,其他的只有后台管理员才能看到。

　　其实,分析上海人特点的文章、书籍已经有不少了,但这也许是第一次,有来自各地包括海外华人在内的近千人对这个问题发表自己的看法。将这些看法集中在一本书中,那么,这本书无疑是最全面、最广泛的对上海人的评价。

　　与其说这本书是我一个人写的,不如说它是"全国各地人民"乃至"海外华人"共同智慧的结晶。

　　鉴于留言中个别观点不文明或者带有政治敏感性,在编辑成书前我进行了删除,除此之外我几乎是原封不动地呈现了所有留言,包括用词、用句中少量的错误。

　　另外,我还补充了后续两篇微信文章以及其后的读者留言,即《为什么〈上海人的优点〉一文能引爆微信圈?》和《上海人最大的缺点是什么?》。您可以从另两个角度来看看上海人的特点,以及人们对上海人的评价。

本书写的虽然是上海人,但一些特点是许多中国人都具备的。所以,其参考价值不仅仅限于上海人,也适合所有华人进行对照与反思。

本书得到伍惠玲女士的精心校对,在此表示衷心的感谢。

张　鹏
2017年2月21日于上海

目 录

上海人的优点 …………………………………………………… 1
《上海人的优点》网上留言及作者回复 ………………………… 5
为什么《上海人的优点》一文能引爆微信圈? ………………… 167
《为什么〈上海人的优点〉一文能引爆微信圈?》的网上留言及
　作者回复 …………………………………………………… 171
上海人最大的缺点是什么? …………………………………… 182
《上海人最大的缺点是什么?》的网上留言及作者回复 ……… 184

上海人的优点

此文在2007年由本人原创首发,结果几天内就被转发数万次,并出现了许多抄袭版本。今天是2017年春节,上海安静得听不到一声鞭炮声,那是因为全城禁放鞭炮。我原来以为会有许多人违禁的。但没有想到,一个拥有两千万人口的大城市,居然没有人违章,再次让我对上海人肃然起敬。鞭炮声既没有美感,完全是噪声污染,还会造成环境污染、空气污染、火灾隐患、人身伤害隐患。我是禁止鞭炮的坚决支持者。

多年前有些上海人喜欢把所有外地人包括北京来的人统称为"乡下人"。结果可想而知,全国各地的民众被激怒了,大家群起而攻之,收集各种罪状和骂名,将上海人淹没在口诛笔伐的唾沫之中。上海人几乎成了"小气""吝啬""自私""胆小"的代名词。就连上海人自己也知道他们的不妙处境。我的一个上海朋友自嘲道:你们外地人对我们上海人的最好评价是"你一点都不像上海人"。

作为一个外地人,我原来也赞同上述对上海人的评价。但后来,经过在中国数个地方(湖南、广州、北京)以及上海生活过多年以后,我通过仔细观察、比较和思考,发现上海人其实有许多优点,而这些优点或许正是中国其他地方的人所少见的。

至少在下列几个方面,上海人在中国人当中是名列前茅的。

1. 认真

不论是做生意、做学问还是做人,上海人的认真劲儿让我不得不佩服。是的,有人会说他们"斤斤计较",但如果没有这种计较,上海就不可能有今天的辉煌。

2. 守规矩

在全国人民当中,上海人无疑是最守规矩的。排队、讲公德、讲文明,这也许是一个超级大城市生存和发展的必要条件。无规矩不成方圆,上海是中国人口密度最大的地方,但也是最井然有序的地方。

3. 讲理

外地人常常笑话上海人,说他们吵架时能理论半天都不动手。这要是在许多其他地方,人们口角两句后就拳脚相加,甚至拔刀相见了。是啊,上海人"胆小如鼠",只会玩嘴皮子,没有一点"英雄气概"。我原来也一直很欣赏那种用拳代嘴的"豪气",但现在我发现那种所谓的"豪气"所掩盖的不过是以强凌弱、不讲道理的野蛮行径。

4. 男女平等

上海男人会买菜、做饭、洗衣服,这在许多人看来简直是对男人莫大的讽刺。上海男人的这一点不仅被外地(特别是北方)的男同胞嗤之以鼻,就连许多外地女人也把上海男人当成笑柄,认为上海男人简直毫无"男子汉"气概。是啊,中国女人的奴性已经几千年了,女人们已经认为"大男子主义"是优良传统了,怎么忍受得了上海女人的"大逆不道"?上海女人的地位的确比外地女人的地位高出许多,她们的地位已经很接近发达国家了。其实,当我们笑话上海人这一点时,我们全国都在向男女平等的方向发展。只不过,上海人进步得更快一点。我们不难发现,越是落后的地方,男女越不平等。

5. 重视健康

我每天去公共游泳池游泳时,总是发现那些来游泳的绝大部分都是上海本地人,包括退休的上海人。上海人的身材也是保养得最好的。上海人吃得比较清淡,抽烟酗酒的人相对比较少。我回到老家湖南时,发现绝大部分男人都抽烟喝酒。当外地人嘲笑上海人的生活习惯时,上海人用全国最长的平均寿命给予了最好的还击。

6. 文化修养

不可否认,在中国,上海人是平均受教育程度和文化修养最高的。这已经有超过一百多年的历史。他们对文化和艺术的热衷不亚于中国任何一个地方。

7. 精致

上海人的住房条件可能比不上外地人,但他们对生活质量的追求并不比任何地方差。上海人是精致的,不仅指年轻人,也包括老年人。在这里,你看到一个衣冠整洁、头发梳得一丝不乱、挺胸抬头的老头时,千万不要以为他是一个退休的教授。相反,他很有可能是一个普通的退休工人。这就是上海人对生活的要求;展示自己最光亮的一面。你可以说他们很爱"虚荣",但你因此也看到了一个精美的世界。

8. 务实

在中国各地,我们常常听到有人在酒桌上大吹自己的能耐,同时还拍胸答应给你如何如何的帮助和好处。一旦席终人散,你就会发现这些都是酒中戏言,千万别当真。相比之下,上海人很少会答应你他所做不到的。他们的确不豪爽,但他们说到做到。他们不相信豪言壮语,不喜欢高谈阔论,但他们能脚踏实地、信守承诺。

9. 并非小气

上海人总是给人以"小气"的印象,但这种小气是有条件的。那就是他们不无偿给予他人什么的同时,也不指望从别人那里无偿得到什么。他们注重的是平等的交易。他们对"你的"和"我的"之间的界线非常明晰。他们不喜欢你我不分的"哥们义气",但他们也不会出现"背信弃义""不够朋友"的尴尬结果。

10. 个人空间最明确

上海人不喜欢打扰别人的生活,这与上海以前的居住空间相对窄小有关。不打招呼随便串门、随便请人上家里吃饭、随便打听别人的私事、随便开口向别人借钱,这种现象在上海人中非常少见。他们将朋友、亲友、同事的圈子分得很明确。他们知道友情、亲情的界线。他们可能没有外地人那样为朋友"两肋插刀"的气度,但他们却拥有最大的自由空间和最少的利益冲突。

11. 先进与包容

由于上海是中国最早和最大的对外通商口岸之一,所以他们也就是与国际接轨最快的人。他们并不是看不起外地人,而是看不起落后、不文明的习俗。一旦你用实力证明了自己,他们同样能尊重你。上海也是一个海纳百川的地方,看上去这里好像少了点亲情、友情,但你完全可以用自己的努力和实力来取得社会的认同。

在上海,每个人都能找到自己的圈子,这是一个包容的世界。只有一个要求:不要打扰他人,特别是圈子与你不同的人。

12. 自信

在中国,上海人可能是自我感觉最好的人。这其实是来源于他们的自信。你肯定会说:我讨厌上海人,是因为他们总是看不起外地人。但我们再把这个问题引申一下,就能找到另一种解释。中国人在国外常常被人看不起,为什么?不仅仅是因为我们穷,而常常是因为我们不讲诚信、不守规矩、不讲公德或者不讲卫生。城里人为什么看不起乡下人?也有类似的道理。曾有不少上海人在日本打工,他们同样受日本人歧视。但这一切都只是暂时的,最后将由实力说话。当未来上海发展超过日本时、当上海人的物质生活和精神生活都不亚于日本人时,那时谁"歧视"谁还很难说呢。

总结:

当然,我不是说上海人没有缺点,我讲的上海人的优点也不是每一个上海人都具有的。但是,当我们指责上海人的缺点时,我们难道不能从上海人身上学到许多好的东西吗?上海之所以成功,肯定有自身的原因。就像西方成功的背后也有他们的原因一样。成功,不是来源于讥笑他人的短处,而是来源于吸取他人的长处。

(作于 2017 年 1 月 28 日)

《上海人的优点》网上留言及作者回复

Hugo

漂泊在外的上海人尤其要像一个上海人(用上海话念)。

作者回复

有道理。就是要表现出上海人的优点(别用上海话念,否则外地人听不懂)。

代代代

你不觉得上海人矫情、难说话吗?

作者回复

没有呀,我在上海工作20多年了。我的同事、邻居、朋友中有许多是上海人。我觉得和他们沟通非常简单、直接,相对来说,和上海人沟通不必要讲空话、假话、客套话。

小飞马

要说上海人的优点还有一个是富有自嘲精神。这也是一种文化自信的表现。

作者回复

不是每一个上海人都有这种自信的,还是有一些上海人担心别人说坏话并且容易激动,然后以牙还牙的。其实,上海人没有必要辩解了,因为,事实已经很明确了。

秋老虎

去港澳台别人知道你是上海人后,对你的态度明显区别于其他地区。别人对你的看法是你自己做出来的。有幸我是上海人。

作者回复

从留言看出,观点出现了严重的分歧。但我保证将支持与反对的观点全部呈现,将这里变成一个畅所欲言的地方。

腾燊

外地人都回去了,上海人都有素质。

作者回复

上海人包括新来的和已经在上海的。真正三代都出生在上海的人很少。人们来到上海,就受到这里文化的影响。

开口笑

全世界都知道上海人小气,在外国讲我是浙江人,外国人给大拇指一个;讲我是上海人,外国人看也不要看一眼。

作者回复

你说的外国人是不是非洲的?

L·如水无香

浪奔浪流,万里滔滔江水永不休。淘尽了世间事,混作滔滔一片潮流。是喜是愁,浪里分不清欢笑悲忧。成功失败,浪里看不出有未有。爱你恨你问君知否,似大江一发不收。转千弯转千滩,亦未平复此中争斗。又有喜又有愁,就算分不清欢笑悲忧。仍愿翻百千浪,在我心中起伏够。因为《上海滩》,我来到了这里!十年,深以为然!!《上海滩》《塞拉利昂下》《明星》《沧海一声笑》《男儿当自强》《我的中国心》等,都是出自鬼才黄沾之手的经典名曲!!!

作者回复

好有诗情画意。

侠客

一句"上海人其实是有很多优点的"道出了上海人"总算"还有优点。

作者回复

那是因为在全国人民心中，上海人的缺点似乎更明显，所以，我出来为上海人说几句，列举一下他们的优点。

四号线

说得很有道理。上海人的优点是不可否认的。我观察几年发现，把上海人的不好常常挂嘴上的人大都是来自穷困或野蛮的地方，他们自己的思想行为却类似低级动物。

作者回复

知道你也是从穷困和野蛮地方过来的人，所以，我觉得你有这种自省、自嘲的精神，难能可贵。

千千牛牛

爷爷从1905年来到上海，经历了上海小刀会、北伐战争、上海反革命政变、淞沪抗战、解放战争、朝鲜战争招兵、文化大革命、改革开放，一年一个样，三年大变样，祖辈为上海奋斗了一生，低调地教儿，低调地教育，用行动告诉上海的子子孙孙，要做一个自豪而务实的上海人。

作者回复

不错，你应该实现目标了。

老四

唯有看到最后觉得你的总结是最好的。

作者回复

我得给外地人一点面子，否则，我都不敢走出上海了。

青石乔

如果优点和缺点一起写，比较有说服力，中国人尚且丑陋，何况上海人。凭良心讲,很多上海人都排外的,上海人不希望子女和其他省份的人结婚。

作者回复

你指的是素质低的上海人,或者歧视素质低的外地人。比如,上海人会歧视马云吗?

Rain 生如夏花

"全世界都知道上海人小气,在外国讲我是浙江人,外国人给大拇指一个;讲我是上海人,外国人看也不要看一眼。"说以上这话的人去过外国吗?你在国外讲浙江人,人家外国人根本就不知道浙江是那旮旯。你说 Shanghai,都会惊叹几句,对你刮目相看的。作者罗列出的这些优点并不是这几年改革开放后才养成的,而是从来就有的。说上海不好的人,不用客气,支持你安静离开。

俞梅荪

我不需要推销我的文章,也不涉及法律诉讼。只是用我的文章说明一些上海人的丑陋性,并不是您说的那么好。

作者回复

还是那句话,你的文章涉及个人,还有对他人法律上的指控。你发到我这里,我就要承担法律连带责任。你这是侵犯了我们两人之间的边界。我和你非亲非故,如果按上海人的人际原则,你不应该为难我,让我为你承担风险。懂吗?当然,我不是上海人,但我崇尚上海人的这个人际原则。

Charlie

我认为上海人最大的优点:讲道理。作为上海人我非常自豪,为人处世我一直遵循明是非的原则,这两代上海人大多和我有一样的想法。有些外地朋友碰到的可能是那些文化、教育水平较低的人,所以留下了坏印象,特别是各种讽刺诋毁上海人的言论。其实到哪儿都一样,那些素质比较低的都不能代表当地的人。

作者回复

你的意见很理性。

童军

年前的陈词老调还拿出来卖……

作者回复

年前上海人就有这些优点了？

Ivy

上海人还包容？

作者回复

不包容怎么会有上千万外地人跑到上海来呢？

骏、临天下

如果可以回复个人留言，我只想对那些说上海人不好的朋友说上一句：觉得上海人不好你来上海干嘛？污染上海的空气？破坏上海的和谐？野蛮人请你回野蛮地方去。不会说话、不会评论只会门缝里看人的，请你们多读点书、多学点文化、多培养点素质，再来评头论足。

作者回复

我倒是觉得，在上海工作的外地人，也有权说上海不好。就如同中国人说中国不好一样，批评使人进步。如果对方说得有道理，上海就吸收并改进；如果没有道理，那就是对方的错，上海人也不要介意。对吗？

Kenneth

呵呵，搞清楚上海的金融中心地位不是上海本地人创造的，他们只是在享受这个成果。作者把一些缺点"包装"成优点，我也是醉了。

作者回复

我把哪些缺点包装成优点？请指出。

寂寞高手

　　本人土生土长的上海人,最早公认的上海人只有在浦东和南市区。那些不讲理的入侵野蛮人,自认为是"上海人",把上海人形象搞坏了。

作者回复

　　上海建城只有 700 多年的历史,最早来这里的都是野蛮人。来到上海后,野蛮人就变成了文明人。如果文明是强大的,这里就不担心再被野蛮化。所以,你担心上海人的形象被搞坏了,应该是多余的。对吗?

杨哥

　　我是在广东工作几十年的四川人,这两个地方的人我都不喜欢,我喜欢上海人,要是再被殖民统治过肯定会更好。

作者回复

　　你的观点可能引起许多爱国人士的反对。

金玉满堂

　　上海人的优点其实就是眼界和境界,这是由上海的历史积淀所决定的。

作者回复

　　看看那些反对的留言,你会发现许多人认为上海人的境界不高、眼界不宽……

西子 Sizi

　　相对的优点不算真的优点吧,不过客观的优点很有道理,川妹子表示上海男人很有吸引力。

作者回复

　　你喜欢上海男人?那就快来上海吧。

Barbed　翔

　　最简单一句,上海是他们本地人建设起来的?经济是他们本地人能带动起来的？上海本地有钱的有几个？吃喝嫖赌的倒不少！啧啧啧！

作者回复

全国人民都是从非洲迁徙过来的……

Anbo 澳洲宏安投资

我在澳洲生活，每当说到我是上海人时，很多西人都会眼睛一亮，马上会回答你：上海非常漂亮，是个世界有名的现代化城市。澳洲很多西人来往中国，上海是必经之地。在海外，上海的地位类似于纽约和伦敦，个人感觉非常自豪。海外的上海人，生活精致，工作也相对高尚，子女几乎都在贵族私校，经济条件良好，有几栋投资房的家庭比较普遍。相对来说，海外华人中上海人的地位还是比较高的。

作者回复

你提出的证据，与另一位网友提出的正好相反。

徐忠良

看了评论，观点的确分化严重，不少观点认为上海不是上海人建设的。我想说正是上海这个城市所拥有的优点，造就了如此多的机会，要不然大家那么有能力为什么不留在家乡，把家乡建设好，要跑到上海来。我觉得上海人恰恰是最不排外的族群，越是落后的地区越是要靠血缘裙带来维系。

作者回复

你的分析好像是比较理性的。不带情绪、不骂人的分析才是有价值的。

右手

北上广三个城市中，只有上海算作是骨子里的移民城市，所以上海的精髓是务实与包容。上海的文化中其实并没有轻视非沪籍人士的基因，除非是自轻自贱，把肉麻当有趣，把无知当个性。这种传承不是顷刻间能达到的,也不是转眼就会被抛弃的,所以这就是上海的魅力。
作者回复
很深刻的分析。

惠明
别总拿上海人来说事,短短的一篇杂文,能道尽上海人的本质？任何一个地方,总有各种类型的人。有普遍性,没特殊性,却有个人的偏见！故作者的观点,只能代表一方立场。
作者回复
当然只能代表我的一方立场,我又不是中央领导,怎么可以代表全国人民？

Adolphus 杨扬
讲得蛮到位额,其实区别在于开埠开得早,跟国际接轨早,受西方文化影响多一些,更具有发达国家的沟通意识而已！
作者回复
所以,这是有历史与地理原因的。

宁静致远
上海人的优点确实值得全国人民学习,有些人在评判上海人的时候请先反省我们自己！但是我们希望看到一个更包容更有内涵更懂得尊重的上海。
[回复]教育与考级
上海因为是长期租界造成的文化,是中国文化和西方文化(各国文化)交流的结果。香港只不过是英国文化较单一,青岛也同样如此较单一,只有上海为众多先进的国家(文化)融和在一起。
作者回复
所以,开放是关键。对吧？

张翔

比较可笑的是很多人把上海的繁荣归结为全国的输血,好像是新政府集全国之力来造就上海,但事实是在解放前上海已经是亚洲最强大的城市之一,排名高过东京。而解放后由于物资方面的匮乏,上海又承担输血全国的责任,为什么上海老一辈的都如此节省,就是因为他们为这个城市创造的财富也同样分享给了全国其他国民,上海牌的产品也成为优质的代名词,所以才有老上海人这样的骄傲。而改革开放后各地经济都好转起来,大家也不屑上海的优越感,但你富有管你富有,我们也不会来吐槽你羡慕你,也请不要打扰我们的文化和习俗。只是一句话:如果你不爱这个城市和文化请你离开,不要觉得东西好就是你家的,反而想把主人赶走。

作者回复

有些批评上海的人本来就不在上海,所以,你要他们怎么离开?对这些人的批评,你觉得应该怎么办?

上海界宽书画院——墨荷

评论里好搞笑喔,崇明、南汇、川沙等难道不属于上海吗?

作者回复

那里现在住着最富有的上海人:有房有地有田……

上海界宽书画院——墨荷

上海人最欢喜浓油赤酱了,烧什么都要放糖,年轻一辈的慢慢比较喜欢清淡食物。

作者回复

我发现上海人平均寿命长,人的身材也保持得相对比较好,是不是与他们的饮食习惯有关?比如,食物中放一些糖,是否会刺激胰岛素分泌,增加饱腹感,结果减少了进食量?当然,我没有系统研究过。

吴林根

加上一点,公私分明。

作者回复

有道理。谢谢补充。

品牌砖家门诊一坦陈

基本属实,鉴定完毕。与余秋雨、易中天两位外地人写的上海人,很接近。有兴趣可以去找来比对。我父亲14岁到上海,母亲18岁到上海,本人出生在上海,1985年(27岁)离开上海到深圳,在深圳的时间已经超过在上海的时间。也可以算一半深圳人、一半上海人。

作者回复

我认为,在与国际接轨的观念上,与上海可以一拼的,只有深圳。

小精灵^☆Baby

浙江人的口碑比上海人好。

作者回复

相信你有这方面的证据。我回到湖南老家时,我们家乡的人也认为自己比上海人口碑好。上次到河南出差,他们也认为自己的口碑好。其他地方都一样。这说明什么?

Kenneth

上海之所以成功,肯定有它的原因,主要是政策的成果,跟上海本地人有什么直接因果关系?作者强加两者关系是不是显得太无知了?

作者回复

好政策为什么要给上海?如果上海人不行,给了不就是浪费资源吗?

fqn668

许多外地人一方面嘲笑上海人的不是,另一方面拼命留上海进上海户口或者嫁给上海人,有点自相矛盾,作为上海本地人无法理解这种行为。

作者回复

嫁给上海人以后,就不要做家务了。你这都不能理解?

又见小龙女

在这里说上海人如何不好的,我尊重你们的观点,但是不同意你们的观点,我们不说口碑谁好谁坏,这个说不清!请问那些指责上海怎么不好的有没有先审视自己?你们是在一种什么心态下产生了上海人骄傲、排外、小气的看法?难道不是因为嫉妒眼红?不是因为本身对上海人就抱有抵触而从一开始就敌视本地人和本地文化吗?你们客观了吗?不是受到外界妖魔化上海人的影响吗?我是做销售的,全国各地去过无数,跟作者、跟众多上海网友一样,多次被人说"不像上海人"。可是苍天啊,"不幸"我祖上十八代都是不折不扣的上海人!所以,那些对上海人抱有深深成见的,我在这里告诉你:百闻不如一见,百见不如相处,现在的上海外来人口太多了,新一代我也不好保证,但直到我这"70后"的一代,上海人是全国最靠谱的,要么不承诺,承诺必要做到,这是祖祖辈辈留下的做人道理,是为无信而不立!

作者回复

直到你这"70后"的一代,上海人是全国最靠谱的?……难道上海的"80后"和"90后"就不靠谱了?我有点为你紧张,担心年轻人给你扔砖头。

陈祖文:字俊桦,爱心团队队长

我的目标城市有三个地方:北京、上海、广州,最终落定上海。2015年8月17日,带500元闯上海。上海是文明大都市,我喜欢,我在上海三年规划赚千万元,现在一年多了,几十万元有了,感谢上海!

作者回复

兄弟,你是靠什么能三年赚千万元?请别在这里说出来,我们私聊。

WyZ

在国外见过许多自称是上海人的，其实只在上海工作过和学习过一段时间。这充分说明了什么呢？

作者回复

说明外地人在上海工作学习过一段时间后，就想离开上海出国？

欣云

说这些是上海的素养更贴切。不管是祖辈、父辈还是自己来到了上海，融入了上海的文化和精神，就是上海人。海派文化的精粹是靠所有新老上海人共同继承和发扬的。

作者回复

你怎么把我后一篇文章的内容给透露了？

Anton Lu

开口笑：侬对外国人讲浙江，外国人听勿懂；侬讲上海人，外国人几乎吭没勿晓得滴。勿晓得你辣啥个国家？

作者回复

你的上海话好标准。

薛俊

上海是个海纳百川的国际化大都市，上海人并不排外，只是排挤那些蹲在上海工作还要说上海不好的那些人罢了。

作者回复

"蹲在上海工作还要说上海不好的"也可能有上海人吧？毕竟上海人也有说上海不好的，目的是指出上海的不足，让它更好呀。

沈建华

你这个新上海人比老上海人还要了解上海人！你是很用心、很客观地写这篇文章的。上海之所以成为今天的上海、全国的上海、世界的上海,她是在各个方面和各种层面都有上海人那种海纳百川、兼容并蓄、吃苦耐劳、精益求精的性格和精神积淀使然,是一代又一代上海人(广义上的上海人,包括所有新上海人)共同打造和维系这一精神的结果!上海人,将继续领先、屹立并引导各地人整体素质的共同提高!

[回复]夏日飞雪

我出生在上海。但从父母来说是解放后到沪的新上海人。本人从事涉外工作,后又在美国公司工作多年。我不止一两次听到不同国家朋友说:上海不是中国!对外地人的负面评论,我的态度是不争论。就像许多人一边骂美国,一边挤破头去美国一样。真心希望那些批评上海人的人是真心讨厌上海,从而可以离开或不来上海。上海实在人满为患!另外,把上海的成就和上海人割裂开来,更是无知,不值一驳。

作者回复

你虽说不值一驳,但还是驳得有些道理。

清茶

我一直喜欢上海和上海人,无论言谈、衣饰,各种产品都在全国的前茅,也喜欢听上海人说的上海普通话。

作者回复

你喜欢上海普通话而不是上海话?你这样说会让上海人与外地人都不领情。

唐亮

上海土生土长出来的范儿不是一时半会儿能学会的,上海需要优秀的人士加入,整天骂骂咧咧、喋喋不休的人在上海看来活得不咋地。

y+y

作为本地"310"(编者注:身份证号头3位),I love Sh,我希望我可以、我的下一代必须离开这里。我不喜欢看到夏日夜市后的满地污渍,我不喜欢满大街无视交通标志的非机动车,我不喜欢看电影时还要忍受嘈杂的聊天和各种各样的脚臭味,我更不喜欢和一群挤破脑袋来到上海却内心仇视这个包容他们的城市的人生活在一起……当然,我最不喜欢的是我不想生活在一个可能会因为我说的话而被喝茶的地方。
作者回复
你是想去我老家湖南?从目前情况看,湖南户口比较容易搞到。

Abigail Jim
在美国30年,还没有碰到过哪个外国人听说我是上海人而不理我,倒是大部分都表示知道上海。我老公是北方人,一样和我一起做家务、带孩子,没有大男子主义。也碰到过小气的上海男人。
作者回复
所以,北方男人也有做家务、带孩子的,这不是上海男人的专利。问题是,是你很幸运,还是北方男人普遍喜欢做家务、带孩子?我没有证据。

Shijun_Xia
上海人就是对"YP"太包容,才造就了今天嚣张的"YP"!既然不喜欢上海,那就别来上海,我们有种一辈子不去你们老家,但你们有本事一生不来上海哦?!上海就是牛逼,上海人就是老×!
作者回复
上海话"老"就是牛逼的意思。我给外地人翻译一下,否则他们以为你人老了还×。

大米盒子
土生土长的上海人,举个例子:公交车上一位上海大爷狂骂一位不会讲上海话的小伙子,说上海就是被你们这些外地人搞坏了。一车上海大妈围攻这位大爷说:"上海的名声就是被你这种人搞坏了,你太丢上海人的脸……"所以,上海人排外吗?自己判断吧!
作者回复
你这个例子说明:上海大爷排外,上海大妈不排外?

人在旅途

在广东生活五年,你会发现,好人会变坏,坏人变更坏;而在上海生活五年,你会发现,好人变更好,坏人会逐渐变好,这充分显示上海的社会大环境、综合文明程度、人们的素质要优于全国其他城市。

作者回复

我 20 年前来上海时,的确没有现在这么好,能力、知识、人脉都没有现在好……我也变好了,但是,也变老了。

沈轶飞

这是我第一次为公众号赞赏,非常客观地评价了上海,其实每个城市都有她的优缺点,人无完人,何况那么多人组成一个复杂的社会环境。作为一个上海人非常欢迎有素质的伙伴和我们一起努力建设这座东方明珠……也建议调整好心态……没有孰高贵孰低下!大家都是平等的……相互尊重不好么?活得淡然,精致不好么?务实不吹嘘不好么?

作者回复

谢谢你的支持与赞赏。不过,这几天我也收到了许多批评、指责、谩骂,说我拍上海人的马屁,把上海人的缺点包装成优点,并贬低外地人。这样一来,我担心我都不敢走出上海了。

人在旅途

完全正确。许多外地人不深入了解,一旦他们在上海生活五年、十年以上,他们的内心不得不佩服上海人的文明、素质、正义、坦荡,丝毫不隐瞒自己的观点,不畏惧上级领导,敢于发表自己的意见。我认为上海最大的特点是在公开场合的正义、无私、高度的文明。这在全国其他大城市很少有这种综合素质。这是代代相传的。可能与上海开埠一百多年来被殖民有关。

作者回复

看来,你把上海的文明归因到殖民者?小心犯政治错误。

杨健

一直以来上海就不缺人才，更不缺人，全国各地各类人才以及海归主动选择留在上海，说明他们喜欢上海、认同上海。既然选择了它就请包容它、善待它，一起创造上海更好的明天。

作者回复

你说的一直以来是从古代吗？一千多年前上海还是不毛之地，那时相当缺人。

The QING

上海人只不过是提前来到上海的外地人，外地人只不过是想来上海还有困难暂时还来不了上海的外地人。一切都是这两种外地人之间的对话，优越感 Vs 失落感。

作者回复

外地人并不都是想来上海的，有的去美国、英国、澳大利亚……

青春大静

写得真好，我为我们上海人感谢你。上海确实包罗万象，值得仔细欣赏。上海人其实一直不排外（会吸收精华弃糟粕），所以才会成为最优秀城市。我为自己是上海人而自豪。也热烈欢迎优秀的人来加入。

杰西卡美业

写文章不做实地调研嘛，上海的腾飞靠滴是你上海人嘛，脑子，骂人都不真诚还敢说什么真诚！

作者回复

您的语法不怎么通，还带有强烈的情绪，您真的是做美业的吗？

琪琪国王

据我所知，上海人在西方发达国家有特定称谓"Shanghainess"。老外们说到这个词都是带着尊重的，这难道不是外人对上海人的肯定么？

作者回复

你是问老外吗？

王燕慧

老上海有一大批人是从宁波移民到上海的，我的祖父母是出生在上海南市的本地人，我的外公外婆是从宁波移民来的，如果上海排外的话就没有我的出生机会。上海人鄙视的是落后的思想、不文明的行为，如果你说上海不好那是你没有真的融入上海，不是上海不接纳你，而是你没有做好进入文明城市的准备，真正的新上海人是一定会深爱这座城市的。

作者回复

说得太对了。

快乐沈跃跃

对，理性的、不带情绪、不骂人的分析才是有价值的！

作者回复

可惜，能做到辩论不骂人，中国可能还需要 50 年吧？

风雨浩然

上海人的特性已经形成了一种文化，一种城市文化。上海本身就是个移民城市！如果以地域的观念去探讨，就没有任何意义了。其实，上海的文化就是由各地区文化的精华所组成的。只有破除了地域观念去讨论才会有点味道，这只是中华文化的一个组成部分。

作者回复

您是领导吧？怎么您的话听起来这么熟悉？几乎是面面俱到、滴水不漏、完全正确、毫无新意？

于俊

丫的就是胆小怕事，只会动口不敢动手，绝对的汉奸路子。

作者回复

　　汉奸是动手的,因为要拿枪杀人呀。

醉墨

　　我来上海四年,总结起来,遇到很多素质很好、个性也好的本地人,保持着友好又独立的友谊;也遇到一两个极端高尚有腔调的本地人;也遇到少数几个低素质、气死人的本地人。总之,极少数底层、低端的、素养极低的本地人严重拉低了上海人的整体素质。话说,中国任何地域都有一批影响整体生态的"渣子"。总的来说,上海人友好客气又不会太打扰你的这种交友态度让我觉得非常舒适。

作者回复

　　看来,你的经历与我的相似,所以,观点也相似。

祖德思源

　　不喜欢的离开就是了,留下就别那么矫情,谁也不欠谁,都要靠真本事吃饭。

作者回复

　　有的人并不在上海,他们在外地,但他们还是不喜欢上海,也不喜欢上海人。所以,也就谈不上离开。怎么办?

金英丽

　　每次提到上海人或者外地人,就会划分出两个国度,充分验证了"人以群分"的理论。为什么要分出彼此呢? 中华民族的"仁、孝、礼、义、信"是流在骨子里的血液,正所谓一家兄弟还各有不同。我相信作者也是想通过这篇文章打消人与人之间的偏见,无意挑起群体矛盾。上海不是上海人的,上海是国家的骄傲,因为来自五湖四海的同胞一起努力创造出了今天的成绩,能让外国人高看一眼的绝不是我们的窝里斗,而是全国人民的聪明智慧和团结一心。我并不是唱高调,只是想跟大家说,无论是上海还是北京,无论是本地人还是外地人,我们都在为自己的人生而奋斗,不论身在何方,只要在中国的这片土地上,我们就是一种人:中国人!

林兰

总结得很到位!我在上海生活了10多年,现在回到老家已不习惯了。亲戚不打招呼就来家里,一坐就不走,也不管你是否方便,是否乐意!城市硬件很好,管理一塌糊涂。

作者回复

估计那些从外地来到上海并认同上海文化的人都有同感,就是回不去了,因为思想观念已经变了。

曾姚飞

我是湖南人,也许因为我是湖南人,所以我每每在上海与人交际时,人要问我哪里人?我会很大声地告诉对方,我开国领袖毛主席故乡——湖南人。为什么我这么说?这就是每个地域文化和做人的气派决定你的个性和内心世界,我也不说湖南人有多么的伟大和具有实际创造力,但是上海人听我的回复后,他们是由衷地带着敬佩的精神状态说:嗯,我就佩服湖南人,专出伟人的省份……所以一切的一切都是历史长河沉淀出来的"作品"呢!湖南也好,江浙沪也好,每个地方地理位置有别,国家给他们的福利政策发展有别,之后所形成的风土人情就有差异。上海有大气精致优雅的人,湖南、四川、东北等也有大气精致优雅之事;上海也有大门不出、知识狭窄的年轻人(我碰到好多个上海年轻人,读个职高,在单位打工,他们问我是哪里人,我说是韶山人,而那些年轻人竟然不知道韶山在湖南。那几个年轻人就长宁区的小市民,我说出来,可能大家不信,但是我告诉你这是真的呢)。所以呀,什么上海人、湖南人、重庆人、北方人,都是中国人,也许我是湖南人,所以我总是有伟人的胸怀大志在说事的呢!

作者回复

我肯定你是正宗的湖南人,因为你以毛伟人自豪。建议你读读我写的《湖南人的优点》，相信你会更自豪。

姑娘
　　我喜欢上海男人。
作者回复
　　你要有思想准备，要真的嫁给上海男人，你就别指望能提高自己的厨艺了。

无影
　　先生您好！什么叫"上海人"，题目就有问题，请问真正的上海人有几个？现实是上海的变化很大！不可否认！！
作者回复
　　我没有理解您的意思。能否请您重新组织一下句子的逻辑？谢谢。

狙击生死线(贺)
　　凭良心说上海人总体还是不错的，你们是沾了政策的光。你们要感谢邓小平，是他提高了你们的身价。回想起知青下乡的年代，并不比乡下人多任何的优越，时代的变迁也造就了上海人。有一些还不如畜牲哪，眼里只有金钱。
作者回复
　　你是说，只有在邓小平以后，上海才辉煌？我觉得，在小平出生之前上海就已经是中国经济、文化的重镇了。而知青下乡，那不是上海人的错。

哗哗海浪
　　上海人可评为中国人中的四星级，但评不到五星级，给一个数字来评判比较合理！主要缺点：在艰苦环境中、在竞争中、在拼搏中表现不够！

作者回复

　　这是因为上海的环境没那么艰苦，所以，人就有了惰性。不仅仅是上海，哪里的人都一样吧？你看看富翁的后代有几个会拼搏的？

黄武

　　回到咱农村才知道又被专家们骗了，咱村里过年这几天烟花爆竹从早到晚地放个不停，可是那烟消云散之后还是一片蓝天。所谓的雾霾荡然无存！我可以很负责任地告诉大家，说什么燃放烟花爆竹会引起雾霾，全是欺骗人的！

作者回复

　　不过，上海没有烟花鞭炮后，地面干净了，晚上安静了，空气也好了。这不需要专家证明，你去问问上海市民吧。请问，春节期间你在上海吗？

春江水暖

　　开口笑：我不知道你去的是哪个国家，我是亲身经历：和同事出差巴西，他说他是杭州人，老外一脸茫然，他说就在上海旁边，老外才释然。

作者回复

　　不排除网友"开口笑"说的外国人真的是非洲的。因为非洲人有许多去浙江义乌批发小商品，所以对浙江比较熟悉。但我觉得，即使从非洲去义乌，也应该先飞上海吧？

李律师

　　我是一名律师，我不愿乱评论一通，我只想说十个指头还不一样齐，何况芸芸众生？其实各地人都有优缺点。我去上海的次数不多，但有一次真实的经历的确让我不喜欢上海人（我说的事情也许别的城市也有）：一次我去上海办事，夜晚10点多下火车，当时下着雨，打的请司机帮我找住处，司机倒不错，带我到宾馆，但价格太贵了都是上千元，我想我就是睡一晚没必要花费那么多，想给当事人省一点，只要干净安全即可。后来打听到附近有一家旅馆几百元一晚,我冒雨拖着行李箱到了那旅馆附近,由于不熟悉,只看到楼上的旅馆灯箱,不知道从哪里进去。附近一临街平房里亮着灯,有人在打麻将,我很礼貌地敲门问那家宾馆怎么进去。先是一个女的对我用上海话呵斥,一个男的也对我不耐烦地挥手赶我走。我又累又饿,身上的衣服被冰冷的春雨打湿,您猜我当时心里怎么想的?我身边要是有炸弹,也许会给他们扔进去!!!
作者回复
请参看另一位网友对你的回复。

阿兵
有一个自称律师的李律师,他说不喜欢上海人,说了一个很奇葩的理由:他出差上海,出租司机为他介绍了很贵的一千多元一晚的宾馆,后来挑便宜的宾馆,又遇到上海人的冷遇,他说,如果有一个炸弹真想扔进去。首先,如果你是律师就不该说这种话,说明你是个伪律师。你不跟出租车司机说明要住什么宾馆,让司机帮你找,司机找了一千元以上的宾馆有错吗?另外,你说上海人只顾打牌不管你还冷言你,上海人为什么要管你?天气是你自己选的,淋湿了与上海人有关系吗?不管你冷言你犯法了吗?管你那叫雷锋,这怎么会让你有切齿痛恨之感呢?这说明你绝对矫情,心态失衡,心理扭曲。你把你自己的辛苦全部怪罪到不相干人的身上,你还是个律师?你还说为这事恨上海人?这么荒唐的逻辑,难怪现在某些外来人员越来越肆无忌惮地在上海为所欲为了。
作者回复
这就是人与人之间的边界问题。

indulge
上海的发达是很多方面造就的,良好的地理位置,悠久的历史文化,并不完全是因为人的原因。是外在因素影响了人,如果上海不是在这样的地理位置上,国家会优先发展吗?人们会被影响吗?小编的分析太过于主观化,需要结合方方面面才足以分析一个城市和一个地区的人。你这样的文章反而造成了中国各地区的冲突,看看评论,不要毁了人与人之间的善良。

作者回复

因为微信限制发表留言的数量(100条精选留言),本文的留言已经达到了上限,您的发言本来已经无法选入精选留言供大家阅读。但为了增加反对意见,我硬是删除了一条支持我的留言,以便让您的留言能分享给大家。但我不同意您的观点,因为我说上海人的优点,并不会毁了人与人之间的善良吧?

晚秋

上海人和外地人的最根本差别就是城市文明与农业文明差别。余言我就不多说了,外地人到上海将"本地人"视作上海人,其实这是误解。本地人指开放后的城市新市民,他们身上也确有部分农业文明特点,但也比外地农村来的强。仅举一例,即使上海本地人观念也是生儿生女一个样,没重男轻女农民意识。

作者回复

分析得有理有据!

清静无为

把上海跟全国各地其他人对立起来说本身就很荒唐,就算作者说的上海人是有这些优点,但上海人自身却把这些放大成了他们的地域优越感,另外凭借着他们本身有的一些优势,有恃无恐地行使着他们排外的特权。其实上海有的,无非就是地理上的优势,长江出口唯一的一片平原。在现代化过程中由全国各地拜金者与追求梦想的人一起用财富堆积起来的欲望之都,它本身并没有什么令人值得尊敬的地方。

作者回复

我说上海人也有优点,并不是把上海跟全国各地其他人对立起来。如果我说你有优点,是不是全国人民都不高兴?

喵 piggy

说实话，上海人本身分化也是很严重的，这取决于很多因素，年龄、文化程度、贫富，等等。我以前在上海工作碰到的上海同事，我觉得都蛮好的，讲道理、工作认真、能力强，但是我自己也有生活在上海的亲戚就是一些市井小民，也有蛮多狗血事的。

作者回复

很理性的分析。

柴敬军

当年上海人占全国人口1%，上缴中央的财政收入占全国的17%，也就是说上海人的平均赋税是全国人均赋税的17倍，上海的民生建设基本为零，普通百姓的生活很艰苦。当年来上海出差的各地精英，顺便要采购一些各地都青睐的上海产品，可惜的是商店里的营业员都是底层百姓，生活艰难之人，说外地人是乡下人也就是出口怨气而已，只是外地各路精英受不了，回到家乡将上海的产品送礼或自己享用引来羡艳，但只会说上海人的坏话。精英们的话是有感召力的，久而久之就对上海人有了成见且固化了。20世纪90年代去北京出差，某北京人说了一通上海人的坏话，听过笑笑，有趣的是他说他姥姥是上海人，令人啼笑皆非，敢情他帝魔之气聚于一身，好个高大上！当年许多上海厂家搬迁外地，为当地的工业发端有多少上海人背井离乡而造福他乡！上海是全国的上海，不是因为他被全国供养，而是以一己之力为全国服务，这些任劳任怨为全国奉献的都是普通的上海老百姓，谁人能鄙视这些人？现在从各地来上海奋斗的新上海人，都以自己有能力在上海打拼能做上海人而骄傲，他们的子女成长后都只会认为自己是上海人并觉得庆幸！还是想办法让自己或自己的子女在上海打拼能立足于上海，让自己的子孙后代能有幸成为上海人而努力吧！

作者回复

你提供了许多有意义的数据，谢谢。

Ci Ci

应该说随着时间的推移,社会的进步,上海越来越有包容性了。记得 2004 年初到上海,作为一个小小的白领,经常被 40 岁左右的阿姨讥笑为"乡下人",初到上海听不懂,也不在乎;被无数的上海保安嘲笑过,说租房子的外地人。12 年后的今天我有了自己的房子、自己的事业,同事有很多上海人,客户也有很多上海人,已经听不到类似的声音,大家都支持欢迎甚至佩服勤劳努力的外地人。职业无贵贱,每个人都有存在的价值,只能说最早的时候脆弱的心太在乎别人的评价,最近几年再也听不到"乡下人"这种声音,只要努力做最好的自己就好。

作者回复

我也有类似的经历。这说明,来到上海、融入上海、认同上海,那么,就没有人会歧视你了。

shmgr

上海人与外地人的根本区别是文化的差异。本文作者为什么赞美上海人,因为他的文化价值观升华了。易中天为什么描述上海人那么详细、细微?没有一定的文化素养根本就做不到。"文革"时期上海的工业产值是全国的八分之一,但是上海的住房基本都是蜗居,上海人吃的是草挤的是奶。对全国的贡献无与伦比。我在部队时相处的人来自五湖四海,就深刻地感悟到上海人与外地人的地域文化差异太大!现在我在澳洲,见到那些外地人在澳洲超市偷鸡摸狗,太丢人了!作为一个上海人的我,可以坦荡地说:我完全具备高素养,第一诚信,第二公民意识!在公共环境里从来没有自私自利的想法。澳洲人能做到的我完全能做到,没有文化的差异,根本没有过渡期。当然上海人不是个个素养高,外地人不是个个素养低。问题是上海人素养高的人多,外地人是素养低的人多而已。

作者回复

从留言也可以看出一个人的思维和修养,对吧?

我是谁

以个人喜好放大,没有客观可言。一个事物总有人喜欢和不喜欢,优点未必是优点,缺点也未必是缺点,看问题的角度不同结论就不同。把上海人所谓的"缺点"完完全全美化,把东北人的"优点"完完全全丑化,称赞上海人方式有很多种,以丑化东北人做衬托不明智。

作者回复

请参照我的另一篇文章《东北人的优点与缺点》。

John

作者要知道2014年人口普查上海约有40%是外地人,还有20%多是新上海人,土生土长的上海人不会超过40%。给我的感觉外来人基本都是"三高"占相当大的比例,要知道他们的生存压力较大,在职业道德、敬业精神、工作能力以及危机意识上远超本地人。相当一部分企业老板都是外地人,在这些企业中不太喜欢上海本地人。大实话。

作者回复

你是说外地人来到上海后,人就变得更优秀了?是不是说上海是培养优秀人才的摇篮?

Shirley Law

作者有没有微博号,如果发表微博,想必也会有很多人讨论。也值得看看。

作者回复

微博几乎没有人看了吧?我是有的:http://weibo.com/u/1235557962?source=blog&is_all=1。我的博客是:http://blog.sina.com.cn/zhangpeng1000。

玉

作者提到的上海人的这些优点已在全国的骂声中慢慢消失,目前上海人已在三分之二的外地居住人口的情势下慢慢被同化了。可悲啊！
作者回复

  一种优秀的文化是很难被落后的文化同化的。上海的文化一直在吸取全国、全球的精华中升华。这就让上海更有吸引力，即使房价高到每平方米7万元，还是有成千上万的外地人、外国人往这里挤。我觉得上海比以前更国际化了，人的素质也更高了。

田林山村

  我是上海人，接触的外地朋友较多（建筑施工单位），他们要比上海人团结，就是讨工程款也齐心，为啥欠人家的钱不给？这不是霸道？上海的建设高度、速度就是因为有他们付出的汗和血！春节他们回乡了，我们连大饼油条都没得吃！上海人自己在干啥？因为已经失去了动手的能力，脑袋瓜想的是"挤人"。

作者回复

  虽然本文的留言已经达到了允许数的上限（100条），您的发言本来已经无法选入精选留言供大家阅读。但为了增加反对意见，我硬是删除了一条支持我的留言，以便让您的留言能分享给大家。

刘学全：{辉耀房产、格怡金融}

  外地人喜欢的是上海这个城市，而不是喜欢上海人，上海有今天的成就是外地人管理得好，上海市的一把手没有一个人是真正的上海人。

作者回复

  您的观点比较独特，虽然本文的留言已经达到了允许数的上限（100条），您的发言本来已经无法选入精选留言供大家阅读。但为了增加反对意见，我硬是删除了一条支持我的留言，以便让您的留言能分享给大家。

一生何求

  我在上海生活了三十年，总体感觉，大致80岁以上的上海人有父辈的血性和创造力,他们是创造上海历史的人,人才辈出!大致60岁到80岁的人,性格温和者较多,守信、讲道理,精明会安排生活,男女平等,但有闯劲的很少。40岁到60岁的则大多比较平庸,有些都市习气。40岁以下的上海人其实与大都分沿海省份的人已没多大区别了。所以,现在谈上海人优缺点几乎已没有意义。再说,以前上海人的主流:浙北人、苏南人、苏北人。现在恐怕完全不是那么回事了!现在上海人组成种类很多。另有统计表明:当代上海地区生活的人当中,相对安徽人比例最高。

作者回复

您的留言有特色,虽然本文的留言已经达到了允许数的上限(100条),您的发言本来已经无法选入精选留言供大家阅读。但为了增加不同的声音,我硬是删除了一条支持我的留言,以便让您的留言能分享给大家。因为我崇尚言论自由。

Stone

肤浅,作者刚到上海吧?接触过上海人吗?分得清马路上哪个是上海人哪个是外地人吗?知道上海人和上海本地人的区别吗?

作者回复

你没有认真看我的文章,却提出一大堆质问。看来你没有上海人的认真与严谨,所以一定不是上海人。但愿你不是我的老乡湖南人。否则多丢我的面子?

孟志娟

为什么要讨论上海人、外地人?有意思吗?

作者回复

我本来也觉得没有意思,直到发现此文在发表5天内就有近50万人次的阅读,并且有600多人参与了辩论,另外还有200多人给我赞赏。你说有意思吗?

琉璃驴

恕我直言，在我所认知的范围内，上海人是全国各地人里面最差的。我是户外领队，在我参与组织一些高海拔登山活动中，上海人表现是最差的！一，在所有队员和领队都是国人同胞的环境中，只有来自上海的队员满嘴英文，这个，属于比较自负高傲吧?！偏偏我们这些干户外的，文化水平较低，完全不懂，感觉交流困难。二，高海拔环境中面临巨大风险，需要全体成员齐心协力共同面对，而来自上海的队员仅仅关注自己的利益，时时事事强调合同计划之类，不考虑现实情况变化，不放弃任何个人利益。三，对自身能力过度自负，2000米海拔都没上过，直接就敢报6000米级的雪山，领队不同意马上投诉。真的来了以后根本无力攀登，给队伍带来很大麻烦而毫无歉意。不能说以后永远不带上海人玩，至少是，再有上海人，我们一定严格审查。

作者回复

上海的海拔只有几米，让这些低海拔长大的人到2000米高海拔去活动，难免智力、体力都跟不上吧？

永远不落

我看了你的开头。我想问一下，什么是年，什么是过年，你作为一个外地人，怎么不回家指控放鞭炮，却称赞上海人遵守禁放，你既不知原因，也不懂文化。……上海之所以通过法规，只能说明上海已经不是上海人的上海。外地人可以回家过年，上海人却不能过年。这个是上海人的悲哀，外地人也根本不在乎上海是不是过年。

作者回复

微信限制发表留言的数量（100条精选留言），本文的留言已经达到了允许数的上限，您的发言本来已经无法选入精选留言供大家阅读。但为了增加反对意见，我硬是删除了一条支持我的留言，以便让您的留言能分享给大家。我欢迎反对的声音，因为我崇尚言论自由。

以下是普通留言(因微信限制而未发表)

姜春光(通信/职业生涯)
　　这样啊……这样说也许我更适合上海。

CJ
　　人口倒挂,就说明了无限包容。

寂寞高手
　　作者应该不是本地人。
作者回复
　　我是从湖南来的……[微笑],但是我在广州、北京、上海都生活过,还在英国生活过,所以,发表的观点是基于我的比较分析。

宋海峰
　　契约精神与生俱来的优越感,精明而大气,考究而精致,注重仪式感,海纳百川,有外地人在就说普通话,懂规矩……这才是真正的上海人。

无锡金小胖旅行社:金志毅
　　每个城市都有属于它的符号,谈不上优劣。尊重家乡的习俗,尊重异乡的规定。很多说上海人好与不好的,其实本质是家乡与异乡的生活方式、认知方式的差异,若异乡落后于家乡,自然也是家乡好了。但不论如何,时间会改变一切。

James®
　　这世界本来就是灰色,不黑不白;人人皆有好有坏,有善有恶。上海人有缺点,但不全是缺点,喷上海人的也不尽是优点。作者还是比较客观和善意的!

xxh

从精神气质上看,上海人更接近西方人,因为开埠早,洋化程度深。

老龙

通过海纳百川,希望上海重新回到老大哥位子,工业下来了,金融补上去。

Boruidai618

文章很棒,上海人是有我们日常生活中经常揶揄的那些不足,但是一样有这些优点,这才对。

争和

这些也算是上海人的优点?莫名!

作者回复

你认为上海人的优点是什么?

Vincent_快乐的鱼

上海是世界上最大、最伟大、最先进、最文明的城市～不是吗?

作者回复

不一定都同意你的评判吧?

何金龙

中华儿女一家亲!融入大都市生活,须自身改变并提升情操!

牛～黑皮的铁粉

上海人赞一个。

许理明

我是1994年来上海的浙江籍江西人,本人完全同意作者的观点。

当然低素质的人哪里都有，也包括上海。

bill

我只想说，谁觉得上海不好就请离开上海，或者这辈子和你有血缘关系的任何人都不要来上海，上海不欢迎你这种外地人。

龙虞鸿庚

你的看法我同意，当你了解他时，才能感觉他的好与坏，也不要以自己的好恶来评价别人的长短。有些人的言行不一，到底是什么缘故？只有自己最明白，很难说得明，道得清……

作者回复

好像没说明什么问题……典型的模棱两可。

一石三熊猫

任何人都是优缺点并存的，没有高低贵贱之分。

大雨凡

来上海生活工作10年，上海在国内无疑是保持文明公平和践行法制社会、相对治安良好的一个国际化城市。

海澜山

没有一个是本性的优点，随和了，爽朗了，谦虚了，热情了……都是些后天矫正过的性情，拗成的人格。前代人尤甚，这代人好多了。

付昊

无论是哪儿的人，不装逼我们都能做朋友。［微笑］

彬子

曾经因为求学在上海待过一年，确实发现上海人有着值得学习的优点。虽然会有不同意,但我个人而言,作者写得挺好……

水长梦遥

平心而论,上海相对来说社会公正性好些,比如越是偏远落后的地区拼爹现象越是严重,土皇帝压在头上,那些豪迈大气的人哪儿去了?还不是默默忍受!!!

allen

我说点上海人的优点,1999年我到悉尼遇到一个上海的朋友,要和我合伙做生意,合作的基础是我出资本他出技术,我俩共同开发市场,赢利各得50%,亏了也算他50%。当时我说你一分钱也不出,赢了皆大欢喜,如果亏了怎么保证你能赔50%呢?后来就有合作。不知您怎么评价?

Miz Z*

有些评论我都见怪不怪了。在国外我就没见过上海人排外。倒是不少外地人一听到我是上海的就冷嘲热讽,"你们上海人都……上海男人、女人都……在我们那儿可都是……"。很对,这些人基本是小地方来的,说白了就是自卑。我认识许多广州、武汉、天津人都特别特别好。大城市的人不会在上海人面前找无谓的存在感。

A 太保. 金玉兰财富管理. 朱小波

地理位置好,历史几百年建设原因,文明程度中国最先进。本地人竞争力不如外地来沪精英。算人均经济贡献显然不如外地人和新上海人。毕竟来上海的外地人是竞争来的。[龇牙]

旧金彡

作者认真观察并思考了,确实这些是上海市民的主流形态。我相信,随着人口的"城市化",经济的规模化、文化的多元化、科技的高端化、社会分工的平等化,城市生活的准则,无疑上海可以成为中国的楷模。

徐公子

作为一个上海人,谢谢全国各地的朋友来上海发展。谢谢你们为上海的付出!国家的政策对上海发展的确有所帮助,但是这不是上海发展成国际大都市的必然条件!上海的美是世世代代老上海新上海的努力形成的。如果有些有识之士觉得上海不能帮助到你,委屈你了,那上海也不会勉强你![微笑]

富康猫

什么地方的人素质都有高低。

张桂英

上海就是好,不然那么多人涌到上海干吗?既然上海那么差,还要跑到上海不回老家?其实是自卑、忌妒心作怪。

V

除了上海,全宇宙多是乡下。

落日余晖

原来上海人也有优点!

沈洁雅_grace

我是一个广东人,有着一个很可爱的上海男朋友。

红旗飘杨

再包容也没办法,这两天不是变成空城了吗?都走了,还是家乡好,还是老家乡下好。这两天上海真的好真的好!

云中马

中国式犹太人是上海人的别号。[偷笑]

青松

上海人就是好,在美国我说是中国上海,美国人几乎全部竖起大拇指赞美,我真的很骄傲。

蒋毅 Freelancer

我是上海人,"60后",我对外地朋友的不公正评论基本不置可否,哈哈一笑而过。但我更把作者的文章当作对上海人的鞭策,让我们上海更美好,也希望国家越来越强大,全国人民的素质普遍提高。唉,有点像国家领导人发言。

玉格格(小叨叨)

中国地大物博,一方水土养一方人,每个城市都有自己区域特点和优势,哪儿的人都好,最重要的是得干人事、说人话。对不对?

上善若水

在网上有这种马屁式的乞丐!不给钱也是上海人的优点![流泪]

Daniel Wood

我在上海也生活过几十年,和英国相比,女士们在家庭里的地位,似在上海比英国更高些。

曾莹

每个人的心境不一样,对一个问题的认识不一样。所以才有如此对立的评论,不必计较。

顾熙

作为上海人,希望上海必须更加进取,不然百年后谈论的就是深圳人了!

ming ming

上海人比较有修养,特别是在马路上遇到外地人不认路,上海人都会很热情地指点告诉他们。还有在马上路遇到外地残疾老人要钱,也会主动给钱。总之上海就是一个文明大都市。

夏子

我也是上海人。一半人生在上海,一半人生在国外,尤其是在异国他乡生活,看了这篇文章,更加怀念我的故乡上海。小辰光,上海还要分"上只角"和"下只角"。市中心的住家人是非常优雅气质的。许多往事,涌上心头。

余积勇

上海人包容、忍耐、低调,具开拓精神,基本由国内移民组成,也是最易满足现状的人群。

神速蜗牛

恰恰很多说上海人不好的人所接触到的并非是上海人,而是很多外地来沪人员。

阿尺木刮

貌似优点远远不止这些吧……

朱好

上海人是大气的、听话守规矩的,就如这次春节拥有两千万人口的城市听不到一声鞭炮声。上海人也是文明的,不爱吵架更不会打架。上海人的优点太多了,你生活在上海这座城市你还体会不到上海人的优点,你离开上海到异地去生活,你就更会感到上海人是那么好那么优

秀，我爱上海人。[微笑]

晨

希望上海能够越来越好，来上海的外地人也能像上海人那样待人处事，如果觉得这样不好，那请不要到上海来。

套娃

上海人比较低调。上海艺人很少有绯闻。

helena

在香港，有很多很早过去的上海人，他们的做派，才是真正的上海人做派。懂礼貌，讲规矩。[微笑]

鸿生

你简直是糊说八道。

作者回复

你8个字就有一个错别字，你是怎么混进上海的？

dove

虽然不是上海人，但在上海生活的时间越久，越觉得上海人还是有很多很多优点，比如认真、精明、尊重女性。

云高天阔

我是青岛人，北京、上海、深圳、香港、大连、青岛、杭州、广州、三亚等城市的繁荣，都是地理位置决定的，跟本地人没啥关系。如果嘉兴处在长江口、黄浦江畔，具有海、江、陆三个交通优势，那么嘉兴就是今天的上海。

Joy& 杜进

上海人难沟通，还是比较势利的。[可爱]缺点优点并存吧！

星辰

吹吧，胆小怕事（死），喝咖啡。

红海 ALEX

赞！原来如此。

傻的天真

上海人，不可貌相……

樵夫

精明原是褒义词，但说上海人精明却有小气的含义。上海人不排外，但动辄乡下人，言语间确有居高临下的傲气。上海人多贤夫良父，但缺点豪爽阳刚之气。这不是个别人的成见，而是大多数国人的印象。大众口碑的形成一定是有原因的。

成国华

其实本没有上海人，也无所谓的优缺点，上海是一个五湖四海（甚至有外国人）集合地，优点也好，缺点也罢，都是人性的本能，犹如每个人都有优缺点，因为我们是地球人……

红苹果

我是上海本地人，碰到外地人问路寻地方，我都会很详细地跟他们指路，"过几条横马路，然后左转右转几个红绿灯……"。因为在我小的时候，我的父母也是这样为别人指路的。

再见理想的 Se7en

上海的伟大不只在于上海人的伟大，伟大的是其所处的地理位置得天独厚——中国海岸线的中心！长江入海口！公路水路以及国际港口的便利。正是这些的优势，造就了当下上海人的伟大——其实是明朝搬过来的南海人,在上海已经23代人了。感受便是:上海人容四海纳百川!

清迎

上海人最大的优点就是包容。所以说我们上海人不好的,还是请你安静地离开!

园子

作者的观点我基本认同。我在上海上大学四年,对这个城市有很深的感情,上海人和外地人的区别,根本还在于生活方式和价值观。要融化双方的隔阂或矛盾,我觉得上海人在学习西方的优点时,不要忘了中国传统文化中的亲情、包容等;而外地人则在讲亲情、友情的同时,要多培养规则。

姜蒙恩

不要老是说什么有本事不要来上海呀!其实你们在外国人眼里也是被一脸嫌弃!有本事你们别把"出国出国"挂在嘴上呀!作者把缺点美化成优点我也是服啦!

无庸散人

上海是全国最西化的城市,不得不承认当今世界的文明是由西方文明所主导的。

金玮

其中一个留言讲到了金融中心,我希望那些不理解的朋友,去看看历史,上海100年前就已经是亚洲金融中心了,那时候香港也就是个渔村。其实香港和台湾的发展也得益于上海,解放时和"文革"中多少上海精英另寻出路了?不做地域攻击,我相信真心向上、积极进取的人最终会爱上上海并尊重和爱惜这个城市的一切。

Freeman

现在上海已经进入劣币驱逐良币的时代了,很多优秀的上海人都已经移民海外了。

Cherry

呵呵,上海人是真的小气,一起吃饭还喜欢贪小便宜,我已经遇到一个典型的极品啦!不过我的闺蜜也是上海人,跟一东北大妞似的,一点都不像你上面说的那样。

Freeman

凡是说上海和上海人不好的外地同胞,其实都是酸葡萄和自卑的心理在作祟,那个羡慕嫉妒恨哪!

郭

一线城市中只有上海是真正的移民城市,绝对是一个最包容、最海纳百川的地方!上海人瞧不起的是那些自以为是、自甘堕落、自我麻痹的人,绝不单指外地人!

大梁

作为上海人,不要太在乎全国各地对上海人的各类褒贬,做好自己的事情,活出自己的人生,这才是最重要。

经典老唱片

世博期间在地铁上坐小板凳的有几个会是上海人?可是,有素质的非沪籍人士都以为坐板凳的都是上海人。

ricky

不尊重当地的文化,终究不会融于当地。我见过很多"bb"说着这里那里不好的人,这些人无一例外几乎都不是最终定居在这个城市的人。相反定居在这里的人,反而更注重自己的修养,注重自己的融合。

天真无鞋

上海不好,这么多来上海的人为什么来?上海不好,既然来了发觉不好可以走,为什么选择要定居上海?真的是上海不好,还是你们的内心觉得不能真正地融入上海?是上海给了你们机会,还是你们改造了上海?上海其实不排外,不排外到上海人都不说上海话了!其实想想也可悲,上海在接纳你们的同时你们好好地爱护上海了吗?上海人说个上海话都会被说成是排外,想想都可笑!现在还要从孩子开始推广上海话～这个就是你们想要的吗?

XIYU

文章作者说上海人不歧视马云,体现了上海人的包容,我认为作者的逻辑有严重的问题。我认为上海人不歧视马云,恰恰体现了上海人的不包容。

李不言

很多外地的朋友不清楚,在上海,"上海人"和"本地人"是两种不同的群体。"上海人"特指就是中心城区的上海人,"本地人"是上海郊县的土著,不知道表述清楚了没有。其实,在上海关于"乡下"的定义是,上海中环以外的区县都是乡下,包括上海的奉贤、南汇、崇明、青浦。

静

每次乘坐高铁,大声喧哗的就是上海人,就怕他们聊天别人听不到,还有地铁上……可别往上海人脸上贴金了,会掉的。斑驳陆离得很难看!

麟律

我觉得广州人做得更好。

Newman 唐有为

中国就是愚昧战胜文明,上海人从来不屑于和国人去争论不休!

Cx

上海的包容性体现在我女儿身上,我女儿现在已经不会说上海话了,明白吗?

晓欢

一个人或一个地方之所以成功,肯定有原因。首先得看到对方的好,这样才会进步、才会快乐。成功,不是来源于讥笑他人的短处,而是来源于吸取他人的长处。我来自湖南的一个农村,通过高考这个途径,于 2016 年 9 月 3 日来到上海报到进入大学。一个学期的生活结束啦。酸痛苦辣,各种体验各种收获,让我越来越喜欢上海(认真细致、先进包容、文化修养、男女平等、重视健康、重视教育、自信、务实、精致、讲理)。我能够在大一通过自己的努力实现经济独立,用自己的能力养活自己也是得益于上海给予的平台和机会。压力大,社会残酷肯定是有的,但是任何事物都是相对的,具有双重性,如同祸兮福之所依,福兮祸之所伏。同一斗争相互依存,在一定程度相互转换。压力与机遇并存。一个城市的繁华背后是众人辛勤的付出,支撑起美好风尚遍地开花。我愿做一朵向阳花,乐观、积极、向善、向上、勇敢、坚强。走正道,谋自立,不忘本。总之,我爱上海。[可爱]

刘如霞

我亲眼看到过《世界日报》上刊登广告招房客中有一个条件:上海人免问。

邵佳采销

首先,本土上海人,观点大多数认同,几点不爽随便讲下。其一,关于鞭炮,过年不放鞭炮真的好么?你说的那些真的存在,走个路摔伤摔死的很多,不走路了?因噎废食了?百年传统说废就废了?……其二,上海的市、区、镇办公大楼,基本都太豪华了,有些浪费。再说一个优点,上海基础设施是最好的,简单举个例子,24小时在上海都能买到东西,太便利啦。〔龇牙〕

百合拉丁∽矫红
　　我是地地道道上海女人,我感觉做上海女人很幸福,上海女人很懂保养和养生,出门很注重自己形象。上海男人很会疼老婆,又会做家务;外地男人大多是大男子主义,回家等着老婆侍候,出门很少修饰自己仪表。

大梁
　　做人低调、做事投入应该是上海人的一个特点。

婷婷
　　在上海生活了20多年,观察下来,此文只能代表上海市的上海居民,我接触的很多上海郊区人,也就是他们嘴中的乡下郊区人不在此列。

Alex一创客一硅谷
　　好像您漏了上海人一个很好的特性:热情。无论认识或不认识,真正上海人都会第一时间向你表示她/他的热情。真的!

Kun
　　上海人最崇洋媚外了,而且还狗眼看人低。〔龇牙〕

watermelongao
　　评论里说"全世界都知道上海人小气,在外国讲我是浙江人,外国人给大拇指一个;讲我是上海人,外国人看也不要看一眼"的,我来心平气和地开导你一下。首先,开口闭口"外国,外国人"足见你眼界的狭隘,世界对你而言只有"中国"和"外国"两块。其次,以我走过四大洲二十几个大小国家的经历,负责地说,绝大多数知道中国的都知道上海。记得十几年前,在巴基斯坦加油,油站小哥的英语虽一塌糊涂,听说我是上海人,都不愿收我钱。还一连说着:"You the man!"在这里也没有贬低浙江的意思,但实事求是说你来自浙江,基本没人知道的。最后我自己的感觉,中国在海外最为熟知的,第一上海,第二北京(长城),第三西安(兵马俑)。

Nancy

我的15年老外生意拍档 Mellisa,由于我的关系,她现在几乎每年携全家去上海和杭州度假,特别喜欢上海和杭州。感同身受这留言:在澳洲,每当说我是上海人,很多西人都会眼睛一亮,马上会回答你:上海非常漂亮,是个世界有名的现代化城市。为自己是上海人而自豪!

称之为

上海人的抗压能力是无法想象的,在上海光鲜靓丽的背后还有很多上海人是过得很艰辛,为了生活努力奋斗!给别人看到的都是光鲜的一面,留给自己的都是坚强的笑容。上海从不排外,排挤的是傻逼。

Jerry 本人

新一代上海人不敢讲,但我这一代的上海人(1980—1990年),包括前辈,相比全国平均水平是数一数二的了。

杨宇虹

都说上海人是由宁波人、苏北人、苏州人组成,当他们融入上海后,都称自己是上海人,而不说是他们家乡人(当然,作为上海人的他们会相互介绍自己是宁波人或苏州人),说明上海给他们带来了自豪,也说明一个城市的文化与性格造就了他们。我小时候受到的教育是,上海是半殖民地,是冒险家的乐园,似乎上海受到外国残酷的剥削,但是不懂的是为什么受剥削的上海人是全国最富裕的!长大后逐步懂得,先进的文化就好像是开采矿藏的技术,把财富挖掘出来,在他们赚取利润的同时也沉淀下来财富,与改革开放的几十年招商引资是一个道理。

刘雅兰

一年夏天,我坐火车,座位夹在几个旅游的上海人之间。我去了趟卫生间,回来发现我的杯子被放在座位底下。

青青

老师您好,我是在上海出生上海长大的,也许是我生活在社会底层并且自身能力非常有限的关系,尽管周围的邻居都是上海人,却遭遇到了跟你说法相反的情况。我遭遇到跟踪、计算机被监视、破坏拉线等,邻居有权有势有人,对弱小的势单力薄的我竭尽全力地诬陷排挤孤立用尽方法,关键是有关部门的人甘作鹰犬绝不守规矩。所谓有个人空间,与我而言简直是天方夜谭。因为您愿意听反对意见,所以我才表示自己的看法,并希望您能深入底层更全面地了解上海人。当然我坚信大多数的上海人有您说的优点,而违反上海人优秀特点的人恰恰是有些权势,他们以为自己可以为所欲为呢。多行不义必自毙。

上海佬 david

我五几年就被迫离开了我出生的地方……我爱它,我怀念它。看到马路两旁的法国梧桐,那条马路应在我家附近,它勾起了我无数回忆。女儿前些时候到上海,我要她去我曾生活过的地方,去寻找爷爷的脚印。在里弄、在马路上寻找我的影子。

上海姆妈

上海男人的自信活在骨子里额,上海女人的精致也是活在骨子里

额,因为阿拉从小就渗浸了搿个氛围里的,在国外我一直坚称自家是上海人,也一直得到赞赏的。[可爱]

金妹
 上海是国际化大都市,这说明上海人和国际接轨的地方多,文化素养高,自律、自信、自强等会充分体现在平时的言行中。我作为上海人非常自豪![得意]

lucy
 我非常地赞同,没规矩不成方圆,其实涵养和知识对每一个人来说都是重要的,上海人的优点应发扬光大。[微笑]
作者回复
 谢谢您的精彩留言,但不幸的是,微信限制发表留言的数量(100条精选留言),目前本文的留言已经达到了允许数的上限,您的发言无法选入精选留言供大家阅读。在此我向您表示抱歉。希望微信将来能对留言放松限制,那样,我们每个人都有发言的机会。

度流年
 大多数地方的人,普遍认为"上海人"是一句骂人的话。究其原因所在,是因为你们骨子里存在着与生俱来的尖酸刻薄。生活质量的提高,并没有使你们的举止显得高贵,因为你们在口诛笔伐"乡下人"野蛮的同时,忘了这样做本身也是一种没有教养的体现。可能你们始终没有学会一件事,就是在粉饰自己的同时,不要贬低别人。尤其是在你把那些根本不存在的,或者是根本不成其为"优点"的"优点"往自己身上贴的时候。100多年了,你们依旧没有学会和人平等相处,这一点在对外国人的卑躬屈膝和对国人的颐指气使中,体现得淋漓尽致。通篇文章中除了可怜的自卑以外,就是没有教养的自大。
作者回复
 谢谢您的精彩留言,但不幸的是,微信限制发表留言的数量(100

条精选留言),目前本文的留言已经达到了允许数的上限,您的发言无法选入精选留言供大家阅读。在此我向您表示抱歉。希望微信将来能对留言放松限制,那样,我们每个人都有发言的机会。

zzq

就万国奔来,如同美国;地理水土气候,又如日本;对外来的不满,容易被指责为歧视偏见,在欧美日本等发达的战后多党议会制国家也有同样问题。国际性的都市,国际性的特色,也带有国际性的烦恼。

作者回复

谢谢您的精彩留言,但不幸的是,微信限制发表留言的数量(100条精选留言),目前本文的留言已经达到了允许数的上限,您的发言无法选入精选留言供大家阅读。在此我向您表示抱歉。希望微信将来能对留言放松限制,那样,我们每个人都有发言的机会。

周浦阿芳

全国人民应该看到祖国在最困难的时期,就是上海为国家贡献得最多。上海好比是国家的大儿子,奉献了几乎全部。上海以前房子小,平均两平方米的人家很多,但是上海人就会在那样的居住条件下创造精美,外地人有这样的能耐吗?那些对上海说三道四的人,眼界太低了!现在上海到处都是外地人,如果嫌弃上海,何必来呢,矛盾体。上海的治安是全国最好的,上海的文明也是最好的,你不妨看看,马路上有乱丢垃圾的上海人吗?上海人从小培养的良好秩序已经影响到下一代,也影响到外地人了,不觉得吗?

河清海晏

大器、小器是中国家教祖传的门风,关外国人什么事情?咱们靠外国人的手指头评判自己的人生?衡量为人处世的标准?自尊自爱的人不在乎别人是何地生、何地长,只会尊重他人的家乡情怀。

薛明,江苏无锡

可敬的上海人。"文革"前,上海是中国工业的领军城市。"文革"后,它帮助各省的地方工业发展。我们无锡素称"小上海","文革"中发展社队工业,"文革"结束那年,无锡总产值相当于福建一个省,多年评为"百强县"之首。几乎所有的工厂,都有上海师傅作技术后盾。上海,它像技术"种子库",把技术撒向全国,功不可没。可说全国所有省市,无一可与上海相比,也无一不受上海恩惠。在谩骂上海人"小气""精明"的同时,必须为上海的技术队伍记上一功。这条经验,至今未见有专门家总结。为了支持全国,它与江浙两省,建设缓慢,中央又善于鞭打快牛,上海人多年来一直是几代人挤在几平方米的房间里。不记江浙沪这一功,这是不公平的。

曾月华

我并不了解上海人的特质,但骨子里还是有些羡慕大上海人,短短数十年的变迁中大上海也融入了我们家族的血脉,谨将此文致在上海打拼的亲人。

刘顺龙

比较客观,也只能说是优缺并存。哪里人都同样。拿上海人说事为什么?上海人是个大家庭,多为华东地域人,也可称华东人,中国人。

Sail

一边说上海的不是,一边却拼命削尖脑袋往上海钻。其实是不自信。我要留上海,因我力挺认可这座国际大都市!

徐勤贵

讲这些有意思哦?没事体寻事体!特空!去搬砖头去!去打煤球去!

杭大椿(B2)

从议论现象的本身就生动体现了上海人在中国地位、作用和影响。特殊是不言而喻的。喜不喜欢在于各自接纳事实的胸襟了。

温暖人间

安静的生活环境中,我们看不出一个城市中市民的特点。但是我能在《上海沦陷》中读懂一个城市中市民的卑劣。经过战火,才能考验一个地域或者一个城市民众的特性。

宝宝

到泰国旅游,当地导游一句使我记忆犹新的话:不是上海的旅游团我不带的。

菩提七月

春节时上海的大街小巷特别的干净,这不是说明很多问题了吗?不看嘴上说,要在行动中。

hw 盗亦有道 o～a

不过感觉近十余年来,上海整体不如之前那样排外,对外地人整体在给予更多的尊重,确实也是很值得称赞的事,这也体现了这座城市的与时俱进。按比例来看,来上海工作生活的可能大部分从事的是中低层工作,中上的毕竟较少,确实有很多人的行为素质让人会觉得大跌眼镜,我都觉得怪不得上海人会讨厌外地人。很多外地人确实没有能力也没有这个文化基础去真正理解上海的好,理解上海的优点与一些先进的地方。我是一个在上海度过童年的江西人,祖籍江苏无锡,母亲那边祖籍是广东潮汕。我的同事有比较金字塔顶尖的上海人,也有在上海市区住在破败的房屋里整天整年就是等拆迁的上海人,感觉消费能力、消费观念还不如我老家的一般普通人,还有上海郊区惠南这样很多上海人都不认为是上海的上海人。同事对我的评价就是我不像外地人,对我夸耀就是说我也是在上海长大的,以此来表达对我的认可。[憨笑]这和之前评论那个说"你不像上海人"的一样有异曲同工之妙。[憨笑]就觉得从中可以看出比较严重的割裂。我觉得应该一分为二地看待问题,少一些谩骂,多一些检讨和改善,既然选择了这座美丽也算是伟大的城市,就去好好地建设它,也收获一个更好的自己。

回忆总是跳跃的蓝　浩君

以前被上海人称为乡下人的郊县农民如今很吃香,为啥? 因为动拆迁以后人手都有 N 套的动迁房。趋炎附势是人之本性,但上海人也常常会说:管侬啥事体? 这个自扫门前雪的观点其实很实在,每个人都把自己管好了,城市和国家也就搞好了。另外上海人也比较讲究品位和情调,暴发户和绅士可以很轻易地从谈吐和细节里加以区分。有底气懂规矩识大体,精明而不斤斤计较,遵从契约精神讲口碑,除了稍欠缺一些血性,上海人其实还是不错的。

曼妙

来回穿梭沈沪城市之间,作者说的极是,体验深刻。[玫瑰][太阳]

hw 盗亦有道 o~a

我是这样看的,上海人总体是非常优秀的。上海的繁华既有上海人自己的埋头苦干、精益求精,也有国家政策的扶持。外地人也不全是糟粕,有些外地人横加指责确实是他自己很多时候思维思想并没有那么先进,但是也有一些善意的批评,有些上海人也不能一味就说爱来不来、不来就滚这种话。上海也有很多比较底层且思想见识也不是那么高或者也就混得一般般的本地人,他们的言谈举止很大程度上影响了外地人对上海人的评价,也不知道是哪儿来的自信好像所有外地人都和狗屁一样。其实很多外地人也一样优秀甚至更加优秀,外面的世界很大,包容与见识并不仅仅是看到更先进的地方、看到最国际范儿的地方,而是也包括可以体会到三线小城的闲适,体会到帝都的大气,体会到很多乡村人的淳朴和热情好客,要对这些给予同样的尊重,而且很多在本地中上层的人也不一定就会跑去上海等大城市,不是那一小部分来了上海的外地人就代表全国所有别的地方的人。确实魔都经济各方面一直名列前茅,但是帝都的单个的北京人让人感觉是更有包容心,更让人内心愿意归附,至少我接触的是这样的,这点是很多上海人缺少的,就是会有一种老子天下第一的感觉,这其实不是很好。还有很多上海人对外地人的看法估计也是受了父辈的影响。字数限制,未完待续。

文融

文章作者从几个层面分析了上海人,很精辟,也很公正。上海是一座有着深厚文化底蕴的城市,上海人有着自己的一套家庭文化生活,这是上几代老人的习俗传承……不少外地人来上海就业生活,融入了这座城市,成为新上海人,但也有不少外来人虽生活在上海,却厌恶憎恨上海,嘲讽上海人,这就令人匪夷了。你不喜欢上海,完全可以打起背包离开它,去一个你认为能使自己愉悦的城市,何必生活在痛苦和烦恼中呢?

宝宝

"开口笑"你说你是上海人,外国人看也不看,因为你不老实。说了自己是浙江人得到一个大拇指,又说是上海人,你认为可以得到更高的赞赏,就因为你的不诚实给外国人看不起了![吐]

大米望天空

有时候真是看不起,曾看到有一外地妈妈亲身钻地铁教后面的孩子如何逃票,顿时一股火冲上脑门想破口大骂:你个当妈的自己没素质还教坏孩子,享受上海的便利凭什么不花钱,滚出去!还有一次外地老夫妻挤地铁,老太挤进来,老头挑着一担被子挤不进来,门关上后老太大骂这上海什么破车啊,几秒钟够上个什么人啊!我都不想说她你老公在下班高峰挑着被子,就是给无数个几秒钟也不可能挤得上来!

佳宝外公

我觉得讲此话题必须要先定义好何谓上海人,谁是上海人,否则讲不清上海人的本质属性。是否讲出生在上海,一直生活在上海的就是上海人?还是别的,成千上万的知青现老了回城了算啥人?父辈当年来上海打拼,父辈和子辈谁算上海人,谁是外地人?还是怎么算?上海人内涵其实很复杂,不定义好这前提,也就很难说清上海人的优点及其他的诸多人文素质和外地人的区别,否则一锅粥,分不清楚,只能笼统地讲中国人了。

东腾　张斌

上海人的讲文明懂礼貌从很小就开始教育了,举个简单的例子,20年前我读小学一年级就要学会知道"七不规范",而那时除上海之外有哪个城市这么强调文明礼貌?

半毛钱 K.T

上海人的优点也并不是来自真正的"上海人",正是由于大量的各地人员聚集在上海,造就了大家整体的提升。还有我个人觉得很重要的一点,上海人为了显示和外地人的不同,而不自觉地在提高各方面的修养,但对于和自己价值观差距太大的人,往往还是有高高在上的感觉,不自觉地就流露了出来。这在一些年轻人中很常见。不过都是个人感觉,仅供参考。

云朗

一张嘴两层皮,总之上海人精刮。[偷笑]

木易小月

我是上海人,同意作者观点,作者也没否认上海人缺点,中华大地各地都有优秀的人和较差的人,好的和劣的风俗习惯,只是比例有点不同。上海人不歧视外地人,对有不好行为的上海人也冠于"乡下人",对于外地来沪讲道德守秩序务实的人,心里认可是阿拉"上海人",不然为什么有那么多人留在上海,他们不一定缺钱,有些人比上海人更有钱得多,他们是确实喜欢上海的氛围的。

丁丁叮

在澳洲的时候逛街都能听到东北人议论上海人,文化差异太大。我倒是对上海人的印象不差,超过对北京人的好感,虽然细琐但不会盲目吹牛侃大山,谁还能十全十美呢?

老胡@上海虎迈公司一p纺织灯箱布

人之共性。

戴面具的PRADA

不要为出气找那么多借口。

白塔山人

男女平等?男的可以干粗活重活,女的可以吗?女的可以生孩子,男的可以吗?上海的男的又挣钱又干家务,女的只上班,然后家里的钱都交了给女的,这叫男女平等吗?

越佳开心

总结到位,很是认同!20年前,带着道听途说来的种种偏见,忐忑来沪,步步为营,却不承想满身的刺儿被可爱包容的上海朋友们一一融化,偏见变成了喜爱,同学变成了闺蜜,我也变成了上海媳妇儿。想来,这就是文明的体现吧。现居国外,发现老外在接人待物、行为规范和理念等方面和上海人很相似。上海是中国最早也是最多受到西方文明影响的中国城市,上海的文明其实就是西方文明世界的缩影。我很庆幸

来到了这个城市、融入了这个城市并爱上了这个城市。[爱心]

郝丫

我是地道的北京人,分配到上海空间技术研究院工作了 17 个年头。上海人吃苦耐劳,勤俭持家,在那个年代里,他们在工作中仍能够全力以赴,勤奋好学,刻苦钻研,精益求精,为航空航天事业作出了贡献!上海人在社会中与人相处的原则是人心换人心,他们在日常生活中决不会也不愿意去占别人的便宜,但也不会盲目地为别人付出什么!讨论这个问题意义不大,正如母亲亲生的五个儿女,没有一样的性格,都分别有着自己的特质!上海人与全国各族人民一样爱小家、爱大家、爱国家!

Suki@pilibaba.com

中国除了上海和北京两个城市被老外熟悉,其他城市估计老外都不知道。每次跟老外说我是 from Shanghai,他们会说那个地方很不错。确实很不错,走了那些发达国家的首府或者发达城市,上海完全不差甚至略胜一筹!说上海是世界上最好的最发达的城市之一也不过分。上海人跟外地人很明显的区别就是他们大部分都很有生活的智慧,特别是老一辈人。

侯子

上海人或成最大赢家。

上下来去

几十年前台湾有个叫柏杨的作家在一本书中说:一个中国人和一个日本人比,中国人强!三个中国人和三个日本人比,中国人差!而经过几十年的演变,我告诉柏杨先生,三个上海人远远超过三个日本人!

Alex

说上海不是本地人建设的,难道是外地人建设的?请你搞搞清楚,是先有了远东第一大都市,创造了足够的工作岗位才吸引了世界各地的人前来。难道所谓的建设都是自发的?无偿的?难道你以为没有你们就没人建设了?那迪拜都是劳工们自发建设的?相当一部分评论的人压根没来过上海,可能最远也就是自己的县城,通过道听途说感觉自己都知道。还有很多一边拼命往上海挤一边说着不好,回老家以自己在上海工作为荣,在上海又谩骂上海所谓排外。归根到底,除了有些人没读过书,或者生活的环境野蛮落后,天生对文明、先进的地方有抵触,对更好的生活环境有嫉妒。当然,上海本地人"垃圾"并不少,但所有地方都一样,对于那些整天说上海不好的,衷心希望你们永远不要来,或者圆润地离开,毕竟有太多人愿意来这里生活,而这里的资源是有限的。

酒圆小娘子

说外国人给浙江人竖大拇指的这个人,做到了他名字上的三个字,让人都笑了。[微笑]

Nicole 向

我个人对上海人没有偏见,或者说以地方为代表的人没有偏见,好人与坏人没有定义,只要是人都有优缺点,单纯地拿上海人做文章,因为城市的发展与繁荣大家都较熟悉,至少是生活过的地方了。一个城市的人素质、文明、修养、思想、见识的改变,与这个城市的发展相关,城市的发展有国家的政策支持,以及来自五湖四海的人才精英们,如改革开放的深圳,所以说今天的上海与上海人本身没有太大关系,就像今天的深圳并不是深圳本地人的功劳。城市与人,留下来的都是相互依存。

朱兰琴

上海人明理。

女巫

带着欣赏的眼光看世界,终得美好!精致的上海人!

fly

这篇文章说的很实在,上海的海派文化吸引了那么多外来人,一定有其道理。上海人有素养、有文化、思路开阔,大气简单、不管闲事,在上海只要勤奋、努力就能生存。现在的上海人大都是从内地迁徙过来的,大学里内地同学愿意和上海同学结交,我们家也是从内地来的。在国外外国人知道你是上海来的,愿意和你沟通相处,听取你的意见……上海真好!

海上金君

我爱上海,为自己是上海人感到自豪。

阿兔酱

看着评论真生气!我们且不论上海人是好是坏,那些说上海不好的人,请把你句子里的上海,替换成自己的故乡再来说一次,如果外乡人这么说你的故乡,你是什么感受?[白眼]

井维祥

上海人三个缺点:(1)真正上海人做老板的很少,做白领的很多。历年财富榜有几个上海人?(2)上海人有文化,没精英。今天的中国文化名人排前十名,有几个上海人?上海电视台搞个娱乐节目,三个评委都是北京人。(3)上海人好小资,缺闯劲。自我安逸,打好工,争工资,摆个谱。我是上海人。

jacky

上海的成功与国家的政策和上海本身的地理位置有巨大的关系。上海的包容也是不得已为之。

桃子

一直在叫滴滴打车,碰到的大多是外地司机,他们有的原本在北京开车,儿子在上海打工,于是叫老父亲来沪,这位老父亲直夸上海好,上海人热情,讲规矩,空气好。还有的女儿在北方某城市,叫父亲过去,父亲不愿意,说在上海只要努力肯吃苦就赚了钱,上海人也好,肯帮助人。邻居租房的四川人就说上海人素质好。我感觉现在说上海不好的一般都不是真正了解上海的人,还用自己一贯的或是道听途说的来抨击上海人。

郝丫

张鹏工作室:在发表个人想法时,建议应该提前公布工作室对参与者小文的要求、规定、条数的限制!

孙鹤中

天啊,这都可以洗白?简单说几个,你说的认真那是锱铢必较(小家子气),你说的精致那是爱慕虚荣,你说的务实那是势利眼,你说的讲理那是胆小怕事,你说的上海男人那是娘娘腔好么……

缘聚

上海人不太想跟外地人结婚是因为两地跑不方便!

榴榴

作者的观点太有个人色彩,对不同观点就喷,对赞同者就捧……

范海玉

上海人的口碑这么差?都是平时相互背后讲他人坏话,这是一点。但是大多数人不记小节,还是蛮大度的。不管什么地方人都有这样那样的优缺点,没有完人的。自尊、自爱、自强、自信也是上海人的优点,自豪!

zbtnt

我认为上海是国内管理最成熟的城市,这么大的城市管理是很难

的事,相比较包括北京都做不到。不服气的可以体验一下。[微笑]

探寻者
　　文化素质的培养,是我们这个民族亟待解决的问题!

秦多
　　只顾自家门前雪,不管他家瓦上霜。

郑磊
　　无所谓,赞也好,踩也好,上海还是那个上海,愿意来有实力,能融入,留下;反之,离开!上海是个滩,没有围墙,不适应、活不下去那是你的问题,不关这个城市!它不会为任何人改变!

Pisces 艳 Z
　　世间万物都是相对应的,有优点就有缺点。

刘明琪
　　毕业留校两年后,系里又派我去华东师大学习,承被师恩的有许杰先生、徐中玉先生、钱谷融先生、王元化先生、王光祖先生等。后来我做出版社总编,跟上海图书馆马馆长合作做专柜图书展览。其间还给《收获》一个中篇稿子,与其副主编钟红明女士有数次书信交流。我的印象是,上海人十分敬业,做事非常认真、投入,很值得全国人尤其是我们陕西人学习。数十年我常讲这个话,一讲就是35年。

王凯
　　上海伟大不可否认,跟历史、地缘、生活的人、当地、中央政府有密切关系。文中说的上海人优点,大多赞同,大多人对于事情,思路比很多外地人理性、清晰、务实,能成事(我是江苏乡下人)。但从小对上海人印象不好,主要20年前确实遇到的那些上海陌生人很不友善,说话、眼神透露出鄙视、看不起、懒得理你。当然我现在在上海生活6年了，身边很多上海朋友很友善，但还是有很多老一点的上海陌生人超级不友善，假借"讲理"之名不友善，我现在也就习惯了，忍忍了。相比很多其他城市，深圳你会发现很多陌生人都很友善，愿意帮助人，愿意举手之劳。浙江如宁波、杭州等走路上遇到路人寻求帮助都是蛮友善的，我老家江苏也是。"文化氛围"支撑一个城市一代传一代，人之初性本善也好、性本恶也好，上海人和上海之所以这样，都是一个传承和发展。想清楚了，并且能在上海扎根了也就不讨厌上海了，但仍然希望，这个我在的城市越来越包容，越来越友善。

贫农

小根小茎，小枝小叶；中根中茎，中枝中叶；大根大茎，大枝大叶。一地所生，一雨所润。缘起不一，性相平等。设身处地，将心比心，当我们真正心对心的时候，我们才能看到真相，平等不二！告诉声音不一的大家：作为"310106"（编者注：身份证前6位）的上海女人，出门戴着表、佩着饰，衣服、皮鞋、皮包绝对不会超过三种颜色！

frank 祁

我是上海人，可我也喜欢全国很多别的城市，比如天津，幽默。

背影

感谢作者文诲天下，醉翁之意不在酒，哪里的人并不重要，重要的是我们要面对文明、进步，优点要学而时习之。上海作为中国为数不多的百年老城自有其发展存在的王道，也不得不承认因为其在历史长河中曾成为众多发达国家的租界，而使其首先融入了东西方先进文化，形成中西合璧的文化现象。还有过去上海的西方列强（美英法德等）、东方霸主（日本）以及黑帮，也促使了上海人形成文明、规矩、自立、隐忍、自我保护的文化特点。中国有50多个民族，居住在东西南北九百多万平方公里的土地上，受民族特点、区位差异、发展均衡差别影响，文化现象必然百花齐放,各有优劣,轻言好呆必不客观。感谢作者洞察其中,剔除糟粕取其精华,育教化人,崇尚文明之文字!

丽丽2009

加一个词:清清爽爽!

琦

生活在上海的哈尔滨人觉着写得还是蛮可观的。并不是所有人都有这些优点,但也并不是所有人都有所谓的上海人的缺点,因人而异,大环境还是好的。

丽丽2009

说起上海人小气,我不认同。上海人为人原则是"清爽爽",犹如小葱拌豆腐,一清二白。在他们的观念中和行动风行"我不会去占你一分钱的便宜,也不接受你占我一分钱的便宜"的做法,这样在金钱上大家互不相干的做法我很赞成!少掉了很多不必要的麻烦,大家可以把精力放在工作上。这不应该说是上海人小气吧?我在上海学习一年,我见到的每一个上海人都是在认真地干好自己的本职工作,犹如我不占公家便宜一般,对自己的工作绝不推脱偷懒!这就是上海人的个性,这样的个性也能表现在跟别人发生矛盾会争论不休。所以千万不要说上海人小气。

sll16888

在我看来,每个地方的人都一样,不同的是看的人……

Doctor hao

他们更像外国人。

agnes_zhao

议论的大厅里散发着浓淡不同的酸酸甜甜。无论怎样,上海就在那里,秀丽挺拔!无论怎样,上海就在那里,享誉世界!无论怎样,上海就在那里,张臂迎客!

AAAAA 月露水和
我是一个住在上海的浙江萧山人,两个地方都优秀,我都喜欢,特喜欢听上海话!

陈沁
一方水土养育一方人,不想判断,只存感激。但作者的一席话打动了我,为上海点赞,那就是:今天是 2017 年春节,上海安静得听不到一声鞭炮响,那是因为全城禁放鞭炮。我原来以为会有许多人违禁的。但没有想到,一个拥有两千万人口的大城市,居然没有人违章,再次让我对上海人肃然起敬。

汤模
行了万里路,读了万卷书,都不如阅人无数。人与人的交往总是给我们带来最多的思想碰撞,最深刻的关系,最曼妙的情愫。但也带来了仇恨、嫉妒、攀比。因为有人的地方就有江湖。希望你可以更开阔,不要去计较,不要去欺骗,不要去记仇。有这时间,你可以全神贯注在更有价值的事情上,去写一首诗,去经营一个公司,去潜一次水,去爱一人。我的朋友,没有什么比用真挚的微笑回击阴暗更厉害的武器了。

黄淑珍
我赞同张鹏同志的观点,应向上海人学习。

Rose Hoo
虚伪。

YOYO

任何地方都有好人坏人之分,先做人再做事!

川小普

支持作者观点,向上海人学习!中国应该再有几个像上海这样的城市就好了!

沈涓涓

年最喜欢的两点:(1)不放鞭炮;(2)公共场所基本闻不到烟味。希望3月1日以后会更好。[强]

江磊

如果全国的大中城市都建设(物质和精神)成上海这样的水平,那么我们国家的文明和经济两方面就会大大地上一个台阶,中国梦也就实现了!别的都不用争论了。

小麻雀

写得实实在在,看得明明白白,感到真真切切,是这样的上海人的生活。

大漠

上海是最少拍胸脯说话的地方,大家能明白我的意思吗?

无言

上海人展现出的高素质,应成为全国人民学习的标杆。只有素质提高了,社会的文明程度才能提高。

梅瑜

貌似有道理,却没意识到并指出,上海人指哪个群体?这才是最关键的。其实文中的"上海人"指的全中国人生活工作在上海的常住人口,很多是我们中华民族的精英,精英表现出良好素质修养很正常。

依旧

国人当中相对素质高的应该属于上海人。欣赏上海人,也喜欢与他们做朋友。懂道理,讲规矩,做事精益求精,这就是我眼中的上海人。

Randy XIE

我打心眼里看不起两种人,即使别人说我傲慢。第一,自以为高人一等的上海人;第二,只愿意索取不愿意奉献的外地人。我祖籍并不是上海,家里四位老人都是从全国各地来的,但大家都秉承了上海人为人处世的方式,尽力去融入上海。而如今的不少"移民"们最缺的就是秉承上海这一方水土所孕育的精神,只是一味地责怪上海不包容。这种思想实在是太过懒惰了,你没有努力,又有什么理由让我们去接受。不让说上海话,指责上海人不友好,那你们又为了融入上海付出过多少?然后说说有些上海人,那些当了"老鼠屎"的上海人。你出生成长在上海并不代表你高人一等,请不要带着你的有色眼镜去随意定论其他地方的人。他们的努力与拼搏,有时是你想都不敢想的,请尊重这些人。另外,在国外,老外对中国的定义多半是北京、上海、香港和澳门,你要说其他地名,多半他们都不知道。毕竟,不是所有老外都去过中国,或者文化程度都高的。

HJ

上海人的精英是在上世纪30年代、40年代,长期受到租界文化的影响。男人变得绅士,女人优雅。在五六十年代还能看到,与他们交流是一种文化享受。可惜现在那个时代的人文精神随着日月逝去已经消失了。

高兴

其实正宗的上海人是教会医院里出生之后,一路由教会学校里毕业出来的人,他们现在死一个少一个。

如水

每个点都写得很对,这是对上海人很深入的了解过的人写的文章。[强]互相攻击没有意义,喜欢的留下,不喜欢走人。不要吃喝享受在上海,还骂上海人不好。

刘少

作者站在中立的位置写出了上海人的长处,作为上海人的我们应该做好自己,要有自信,但我们不会看不起所有外地人,因为大家都是中国人,我们所鄙视的外地人只不过是那些没有社会公德、不讲诚信、不遵守规则的人,哪怕是上海人。希望我们中国越来越强盛,这并不单指经济,要看各方面的素质。欢迎全国人民到上海来,共同建设上海。

湘

上海人比较有修养是无可厚非的。

老翁

里面说到全城人严禁放烟火,错了,外环线外还是在放烟火的,而且还不少的。

制片人编剧释小燕

上海确实是国内最好的城市,很多人误会上海人看不起外地人,其实,是看不起落后不思进取的人,不够文明礼貌的人。如果,你好学上进,遵守城市各项文明约束,上海人会高看你的。我在上海碰见过将近80岁高龄的老太太,我想跟她打听路,她看见我走过去时,确实想躲开。当我文质彬彬、用很尊重老人家的温和口气问话时,老人家的脸上马上呈现和悦、慈祥、友善的态度,不再躲闪,并很仔细地给我指路。当我转身离开走了几步,听见身后另一位老太太问:"你跟外面来的人说话吖?"为我指路的老太太说:"这个小姑娘老好的,很礼貌客气,我就告诉她怎么走,她听懂了,你看,她朝那个方向去了。"两个老太太用上海话交流,当时我是听得懂上海话的,只是那时还不会说。五年后,离开上海我很不舍得,但是那里气候我不适应,总是关节痛,于是先暂时回到广东。上海人的优点太多了,我这么挑剔的处女座,就是说不出上海人哪里不好,如果硬要我说上海哪里不好,我只能说黄浦江等周边的水不好,不清澈。改善上海水质是我最期盼的,但我不是国家领导人,我不懂如何去做,也许是机会不成熟,领导人也没办法解决现状吧。离开上海十多年了,很怀念,在那里我总能够静下心来学习充电,这种感觉在其他地方是没有的。

linjiwe

广州比上海开埠早,英国人是在广州"碰钉子"后才北上,上海也因此而开埠。一百多年的经历告诉中国人:开放包容才是发展的硬道理。今天的广州已大大落后,广州人乃至广东人犹如一位小脚女人还在欣赏自己的三寸"金莲"如何美妙。广州的发展滞后就是因为"盲目自大,排外不包容"。上海要引以为戒。

amanda

哪里都有好的,哪里都有不好的,好嘛?

Amy zhou

年度经典好文,为自己是上海人感到无比的骄傲。如果你说上海人不好,那是你自己还没有真真正正地融入上海这座城市;如果你还在评论上海人不好,那只能说你无法读懂上海人,只能为你汗颜了。如果你说上海不好,那你还在拼命往上海这座城市挤进来,做啥呢?[可爱]

再次为大都市的上海人点赞,骄傲。希望所有的外地人用实力证明自己在上海存在的价值,加油。[拳头]五湖四海的朋友们,上海永远接纳有实力、有智慧、勤劳、好学、有诚信的朋友们。

ciaos chao

每每写到上海人的优点,总会有很多人来抨击。但是转移到那些相对贫穷的地方,就会得到很多认同。我想这就是羡慕和同情的区别吧!我就希望那些在上海打工发财的外省"童鞋",在享用上海公共资源的同时能够多一点理解,毕竟你是要融入这里的。[微笑]

子昂

同一种质量,在不同人的眼里是不一样的,比如所谓"斤斤计较",喜欢上海的称为会过日子,反感上海的呼为抠门儿,总结起来,屁股决定嘴巴。

新浦东

这确实是个误解,因为上海人除了本地人其他人都是老一辈在解放前在上海打工或干别的工作留在了上海。我们都是外地人。我不确定你是湖南人都会讲"他是外地人",同样不确定我是上海人,我在外地当地人也会称我是外地人。至于乡下人也是对区域的人的叫法,因为不知道你姓什么,因为以前农村人出来和城市里人穿着是有点区别,再加上务农辛苦人易老易黑,这样不知道你姓什么所以会叫农村出来的为"乡下人"。这并没有看不起乡下人,只是一种叫法。有些农村出来的人有时也会讲我们乡下人怎么怎么样。至于小气,我认为各地都有,只是大一点小一点。这是我的认知不知对否。

飞来的大鹏

上海是个移民城市,可谓海纳百川,有优点也有不足……有些上海本地人一般都不受人欢迎!外地人都看不上……原因只有上海人自己知道……

王毅

没办法,说到上海人,全国人民都要喷,越喷越要来上海,呵呵。上海人历来的优越感让很多人羡慕嫉妒恨,演化成地域攻击,这就是国人的强盗逻辑。

纯情的肉包

很正常。就像愤青天天在骂美国不是,逮住移民机会比谁都兴奋。［鄙视］

王爷

作为一个跑苏州工作的上海人,每次外国来"老板"介绍员工到我的时候,都要加一句他是上海来的……然后"歪果仁"就眼睛亮一下,更加热情地握手以及说更多鸟语……一直搞不明白。

晚秋红叶

我是一个上海人,我真有这么多优点吗?自我怀疑是一种谦卑,这算是优点吗?但谦卑不是虚伪,而是自信的外在装饰,上海人不张狂有涵养。

Figo

赞同!

人到中年

不要以地域衡量贫穷和富有,只是在不同的地域有不同的贫穷和富有,而同地域的人在做不同的改变。地域只有特有的习俗,在成为文明的背后会有野蛮甚至不愿展现的卑鄙,不要用地域衡量人群。骆驼和老鼠比赛吃树叶,当然骆驼有优势,要比钻狗洞老鼠有天生优势。人的思维跟住房大小没有太多关系,不要美化性格。

余余

看见有人说"上海的金融中心地位是国家给予的,不是上海人创造的",实事求是地说,国家金融中心只有放在上海才最合适。

江礼昶

上海开埠早,一路领先全国。我的一个香港友人,上世纪50年代是来上海旅游结婚的。他还告诉我,香港百货商场内的自动扶梯,是60年代才有的。

JoJo(Jocelyn Han)

我是北京人,因工作机会在上海居住了几年。在没去上海前,对上海和上海人的理解都是源于身边的人的认识和见解,基本都是唱衰的,说上海街道狭窄,上海人也小气,说话尖酸刻薄,动辄就骂你"小赤佬,小瘪三"。去上海工作时是带着这种成见去的,没指望着能融入上海这座城,也没有期待能和地道的上海人交朋友。可就在我觉得绝望的时候,我开始慢慢喜欢上这座城市,喜欢那蜿蜿蜒蜒的街道,喜欢街两边高大的梧桐树,喜欢每个转角精心布置的街景,喜欢它的浪漫氛围,在这里我学会了如何精致地生活。我竟然还交到了地道的上海朋友,原来她们不是不热情,她们是从来不和你承诺自己办不到的事,她们务实,言出必行;她们一旦认定你这个朋友,那她们绝对对你走心。她们是我见过最热心最靠谱的朋友。读了作者的文章,看了许多评论,想说的是没有在一座城市真的生活过是没法给予它公正客观的评价的,就像我去之前抱有很大成见,在那里生活过才慢慢刷新了我的认识,回来时依依不舍,正所谓百闻不如一见。感谢作者的这篇文章,读了甚是亲切,让我想起在上海生活过的日子。[太阳]

kunge.sh

至少我在上海除夕夜没有听到爆竹声,说明市民都能理解禁燃爆竹。现在的春节还有很多的喜庆表现形式,能做到这样,真的不错!

Joan 沁雨

我在国外只遇到过把自己说成上海人的江浙一带的国人（因为其他地区的人学说上海话不像）。

乔老爷

我是近 80 岁的老上海人，严格地说是上海的乡下人（川沙农村），我们也常说"到上海去"，其实是到中心城区去。我感到大家议论的上海人的优点，其实是各地人的优点经上海这特定的环境过滤后的集聚和凸显。上海空间逼仄，没有资源，不节约活不下去，不精致上不了品味。能在中心城区活下去的，没有点本事是难的，因而能人汇集。当今是谁排外？是先到上海的内地人"排"后进入上海的内地人，前者长期在上海产生了"锐气的衰减"，怕被挤边了。许多外地新大学生愿到上海，是因为可以参与"平等竞争"，无需"走后门"。所以，我感到，现在更需要讨论的是，为什么各地人的优点能在上海这个城市凸显了、集聚了？从而找到一种更好的体制机制，营造更好的环境模式，这不仅是为了上海更美好，更是为了在各地建更多美好的上海。外地人把上海建得这么好，为什么不可以把家乡建得更好？天下皆上海，这就是中国梦！

东阳工艺美术®楼

大过年的时候就算是上海人的追求吧?！[强]

小团子

上海人基本由浙江、江苏、本地人组成。原来上海也属于江苏省，上海人没什么，就是比较有见识，眼界、素质相比别的城市相对高一点，略微比同类高一点而已。就那么一点点决定了很多东西，所以不要眼红嫉妒上海人。上海人就是好。

penny 萍

你说的是不认识上海人的外国人。[发呆]

一只大宋

越是活在社会顶层的上海人,通常都是文中说的集优点于一身的上海人;而大部分社会底层甚至受益于拆迁的暴发户的上海本地人,通常都是斤斤计较,带有小市民气,这一类人通常都看不起所谓来沪的外地人。哪个地方都有带小市民习气的人,只不过上海城市之大,人口之多,矛盾尖锐,被放大了而已。

曹镝(网球教练)David(ITF Coach)

我来上海12年了,自始至终没有感受到上海人的排外。相反跟上海人相处感觉很舒服,前提是你必须了解这个城市和这里的人!

冬宝

你的最后总结还挺好的。建议上海人多看别的地方的优点,少回顾自己的……尺有所短,寸有所长啊。另外,提醒下作者,贡献了同样多的GDP之后,上海和内地享受到的国家资源是不一样的,骄傲之余,多些感恩吧……

Kengo

看作者跟异议者之间的互动,上海人的气度一览无遗。

沙米娜

谢谢对上海人的好评,谢谢小编,我爱你!

作者回复

你爱我?受宠若惊![偷笑]

Evi

哈哈哈哈,看看不说话。

萍萍

为什么要赞赏?

莉莉 wang li ya

　　我的祖籍并非是上海,但上海让我生下来并养育我至今,我只把自己当上海人了,它值得我爱!

作者回复

　　同意莉莉的观点。

小龙

　　上海人通病最瞧不起外地人,占小便宜吃大亏。

凡人

　　这些优点都很可贵,但如果过了,便失去了人性的本真!任何事情都有利弊,无需刻意评判,不同的文化同样的精彩!

锦章(之美)

　　在海纳百川的大潮中,任何一个人都可能成为上海人,关键看你凭什么"洪荒之力"挤进上海。当然你不想"挤"是另一回事,"挤"不进就不要多评上海,因为你还不真正知道上海。"挤"进了也很难评上海,"不识庐山真面目,只缘身在此山中"。要评上海得在此地跌打滚爬五年以上,然后再有机会在此地上流社会混迹几个月,就如当年黄金荣、杜月笙之流,他们才真正了解上海,但也不一定对上海有一个准确评定。上海太复杂了,岂是凡夫俗子可言语,张爱玲?也只是画虎画形画不出神,时代呼唤能有一个能真正画出上海全貌并形神兼备的大师。

王忠

　　上海好,和上海人什么关系都没有,其实大家心里有数的,上海的经济真的靠上海人的话还会是亚洲第一吗?所以作者不要过度地支持。

丁一

　　我嫁给了上海人,结果不会做饭了,不会理财了,不会逛街了,不会大手大脚了。我保持着开朗单纯的本性,老了还学会了撒娇。我跟身边的人讲:找丈夫就找上海人,没有错!

ARE-Raven

那些说上海的繁荣不是本地人创造的话,只想说创造美国的强大甚至都不是美国人。那些停留在原始社会的人自然希望把我们都拉到他们一样低等的社会。他人对于上海的印象无非就是媒体塑造出来的,就比如我说过东北的都是小沈阳那种娘德行么?这次春晚,新疆同学也说了解释了半年"新疆并不是每个人都穿着民族服装整天跳舞",结果春晚一个小品回到解放前。

人生旅程

别把小气当美德。

刘伟鸣

是上海人就有上海人的优点,另外纠正一下,上海人管外地人叫外地人,乡下人是对以前上海周边郊区人的特称。

公主的唯心

在上海生活工作17年,也去过很多其他主要城市,经过比较,总是想在各种评论上海人的场合为上海人说句公道话。上海人其实是"小气于行"但"大气于心"的,他们不会抢着在酒桌上买单,但观念不同时会予以理解,不会强加于人;相反很多自诩"豪爽"的地方,个人觉得是"大气于行"却实则"小气于心",他们也许吃饭时会抢着买单,哪怕是打肿脸充胖子,但如果观念不合时绝对不会表示理解,而是明里暗里地排斥。在上海生活工作17年,基本没有感到受到"排外"和"歧视"。如果说"歧视",那也是"歧视"不文明的行为,而不能说是"歧视"某个地域。鉴于经济发展水平和人的自身见识所限,那些"不文明"的行为更可能是会发生在"外地人"身上,因此造成上海人"歧视"外地人的假象。其实,如果上海人自己有"不文明"的行为也不能为上海自己人所容。"人必自辱,而人辱之",如果不把注意力放在提升自己、文明守礼上,而一味地"被迫害妄想症"觉得别人就是针对"地域",那就是"弱者"和"懒惰者"的借口！上海诚然接收了更多的优惠政策,但这就好比投资,好的政策当然是要给能够有回报的项目(这里不是说做"慈善",做"慈善"的指导原则不同)。况且,上海的发展也带动了整体经济的发展。因此,对于上海,希望不要"求全责备",喜欢就来,不喜则去,相安无事就好！

Ane

作为土生土长的上海人,我觉得上海曾经看不起外来务工人员的言行的确非常不好。但是,新一辈的上海人已经有非常大的改善。我身边的朋友来自五湖四海,并没有存在地区歧视,反而更像是一个大家庭。上海对外来人口的包容性胜过香港数倍。香港有部分产品对内地限购,上海没有,而且有部分还减税甚至免税。香港控制外来移居人口,上海没有,甚至通过一些政策帮助外来人员落户安家。上海人虽然看上去斤斤计较,但帮得上忙的时候总是不遗余力地帮助他人。在一千个世界人的眼中,有一千种不同的上海人的形象,好与不好,各有分说。没有人是完美的。

卢太·余

很多人认为上海发展主要靠中央政策,不完全否认,浦东开发开放需要政策支持,但是真的完全如此吗？十多年前开始,上海就差不多像后娘养的了吧……到本届,终于回归正常了……再说了,全国各地,哪个地方没有过政策支持？举举例子看。

柏丽源一级代理——韩佳美甲服饰

我要嫁给上海人,有人要我吗？请报名。[偷笑]

作者回复

我给你做媒吧。[偷笑]

春春

此文写得很真实全面,点赞!

馋不戒

"上海人",其实只是一种道德规范,或者行为准则。上海人,并不是指某个地方的人。上海本没有人,是海。当四面八方的人聚拢起来,形成了一种共同的价值观,上海人的概念才获得崛起。这个价值观是什么?这个不是占领军入城后强令上海小姑娘嫁给他,一有矛盾就用皮带打老婆的人所理解的。

静墨

说得太对了!

目田

我作为一个被上海人第二歧视的安徽人(第一是苏北人),作者说的我完全认同,中国只有一个上海,不可否认外地人对上海的贡献,但是本地文化是极其重要的!北上广深,如果全国只有一个国际化大都市,那就是上海!

弓长日尧东

浙江人,呵呵。

吴小娟

上海就是上海人,不一样的上海人。

凡栖

上海人是拎得清的,心中有数,有分寸的!海纳百川不是吹的……上海贪官最少!哈哈……不过我们还是要感恩所有的同胞,没有他们就没有今天的上海!上海还是要继续加油!

吴老

上海人的地域歧视思想需要从根子上加以肃清。

海阔天空

为啥只有张鹏才能回复呢？凡事都不是绝对的。［龇牙］

Victoria

上海是受到西方文化影响最早最大的城市，所以一直以来与其他地区"格格不入、互相伤害"。其实吧，千万别说上海男人是小男人，能嫁一个有绅士风度疼爱老婆的上海男人是前世修来的好福气。［龇牙］

陈兆熊

上海的繁荣和市民素质是历史的机遇和优良地理环境形成的，我们作为中国上海人应该庆幸，不应沾沾自喜，自觉高人一等。上海是中国经济最发达的地区之一，它的形成有历史上开埠通商打下基础的原因，但我认为主要还是建国后国家政策倾斜，加快上海的高速发展。当然上海人还是争气的，能很好地配合国家经济建设方针、政策，为国家的现代化建设作出一定的贡献。上海作为一个移民城市，应该胸怀宽广，应该有接纳来自各地来沪人员的心态。不要路堵了怪外地人多，房贵了怨外地人，想想自己的上几代人也是移民来的。没有优秀的外来人才和宝贵资源来上海，没有国家的大战略能有今天的上海吗？

陈敏（朵女郎Ⓡ）

上海一直是排毒不排外的好嘛，要不然怎么会有这么多外来人口？

荣光

作为湖南老乡，为你的大作点赞！冷静，客观，实事求是。当代国人，素质低下者甚多，其成因就是坐井观天、夜郎自大，不知道学习别人的优点。希望看到老乡更多的作品!

□
把这些优点随便放到中国某一个城市也一样的啊,上海发展得好我们都很开心,这是民族自豪感,而不是什么地方优越感。每个地方都有每个地方的优点和缺点,没必要夸自己损别人。

说梦话的女巫
我喜欢旅行,自费去了 40 多个国家和地区。我早在 2000 年就可以开始拿到各种签证自由行,都感谢自己是上海人,国外或者港澳地区试点自由行也总是把北上广放在第一批。我在外国留学时每次介绍自己 I am from Shanghai,几乎所有世界各地同学都知道上海是怎么样的城市。所以我是上海人我自豪。

小辉狼
那你很棒哦。给你鼓掌!

Spontaneous Me
小编可以做个调研,觉得上海人"垃圾"的人是哪一些人士,觉得上海人没什么的又是哪一类人。我的室友,两个外地的,一个上海的,结果我跟那两个外地的和隔壁两个东北的关系最好。我实习的律所,我的老大们全是外地的,那又怎样?谁在意?! 尊重和友情是靠人品和行为赢来的! 不是说你随便什么人来到上海,我们就要迎合你! 据我所知,那些整天喷上海人的,多半混得不怎么样,因为他们混得不好,loser 一枚,所以觉得这个社会对他们不好,恶性循环! 反之那些靠努力赢得尊重的,体会到上海人友好的一面,反而看问题积极很多,良性循环! 所以 loser 永远都在喷上海,而外地精英们觉得根本没什么好喷。loser 们哟,好好反省一下自己吧! 赏你们一句话:该看不起你就是看不起你,你该值得尊敬绝对少不了尊敬你的人!

桃花源中人

其实上海在1840年时还是个小渔村,其人口主要是周边县城及浙江、苏州与江北一带的移民,逐渐形成帮派体系的。现在硬说什么海派文化那也只是跟着洋人学狗叫,所谓洋泾浜,以后自认为在洋人租借地上当二鬼子久了,便自傲起来,看不起外地人,这是一种无知与悲哀,鲁迅杂文中有描述,此处不赘。余以为北方人忠厚,湖广人豪气,陕甘人霸气,山东山西人义气,上海人小气。历史帝王将相还轮不到所谓上海人当担。这是史实!

钟少华

以某个城市来评论人很不科学,随着城市化、全球化的进程加快,地方人身上的痕迹很快就会被淡化,上海也不例外!但作为大城市的多数人,素质、修养要比小城市、小地方要高一些也是很正常的!

知来者可追

应该是时代不同了吧,我母亲是高校教师,20年前去上海旅游,因为不买东西就会被销售员用上海话骂,而这种经历很多人都有。现在我再去上海的话,上海人基本都和颜悦色。如果说我是复旦的博士还会加一句:你们乡下人考到复旦不容易哦。[龇牙]实力越强,在上海的平台就越大;实力越弱,在上海越艰难。

Spontaneous Me

另外,我很烦那些动不动就是"你祖宗也不是上海人"的人,每次我就想回答:"你祖宗还是猴子呢,为什么你不去动物园住笼子里?"废物都爱谈祖宗,问问自己,为什么别人都成了新上海人,而你却酸葡萄心理在网上喷!

随缘

上海人除了小气外,素质都很高,如果改掉好色本质就更好了。

Spontaneous Me

就知道评论要喷～上海人还不包容？要不你去北京试试？北京政策比上海严格得多！别忘了上海的农民工子弟学校是谁在给你们出钱造！说上海人不敢动手的,你也就跟野人一路货色了！～呵呵～ 说真的,外地人有很多好的,我周围很多外地人,人家混得好,根本不吐槽上海怎么怎么不好！而且周围的上海人也尊重他们！只想说尊重是你靠自己赢来的！……

羊　Towa

我是上海人,我不排外。没素质、没礼貌的人不管你是哪里人都让人讨厌。

868

优点还不少呢。

云云　Angel

写得好,谢谢!

不老松

中国之大,文化各地差异较大,人的素质也各不相同。我国自古至今的伟人君主及现领导人出生在全国各地都有,一批批科学家遍布在全国甚至出生在边远贫困山区,这些人比上海人素质低吗？各地有名人贤人,也有恶人坏人,不要贬低全国人。上海人就能把中国建成现代化中国？可笑唉!

古玩元素网色釉

其实祖辈三代以上的真正上海人在上海很少,我们只能说上海这座城市由于先进造就的规则值得全国人民学习。如果各地都跟上海一样发达,那就好办了。

沈德侬

　　当上海人在对别人作自我介绍时,如用词是"我是上海人",让对方感觉还算正常。如用词是"阿拉是上海人",总让人感觉有种傲慢的姿态,高人一等的神态! 其实也确实有一部分上海人是这样的,上海在全国人民心中的地位与这部分上海人一点关系都没有,只不过这部分人的户籍在上海而已!

老 K

　　张先生你好,文章写得不错,作为上海人我有点沾沾自喜,但上海人最重要的一点你没有写,那就是精明。张先生你要知道,如果六百万上海人都给你(5元)赞赏费,那你不是在丑化上海人吗? 就为这点,我不能给你赞赏,但我介绍一帮人给你,那就是沪C。

xuchanglai

　　文章对上海人大肆褒奖很有自我吹嘘的嫌疑。其实"十里不同风,百里不同俗",这是客观存在,就在那里,不管你承认与否。作为一个非上海人要想进入并留在上海工作、生活,做一个新上海人,首先就必须要承认并融入这些上海原有的"风俗"(入乡随俗),继而再展现你们家乡优良的"风俗"。上海是海纳百川的移民城市。

MW

　　上海人:最不抱怨现状的差异,暗自努力,奋发图强。上海是个舞台,有才华的人都可以。

邦德

　　上海的一位老师讲了这样一个故事。初时那条高速叫沪宁高速公路,江苏人很不服气,这公路上海段才占百分之几呀,所以该称宁沪高速公路。该老师呵呵一笑,说:京沪高铁完工后,上海人肯定没有人会去计较该称京沪高铁还是沪京高铁。上世纪80年代《渴望》电视剧热播,剧中那个忘恩负义的人叫沪生，上海人没有一个跳出来抗议编剧，抹黑上海。

清清^ω^

讲得有道理，给你点个赞！

宛春

上海人优点很多，应该肯定。但把外地人戏称为乡下人，不是自傲，也是自嘲。今天的上海人，想过没有？你们当中绝大部分人群，当初却都是从苏北、从上海以西、从真正的农村乡下迁徙到上海来的吧？说实话，40多年前，我到上海的浦东时，路段与乡下无别。当我摸到我朋友的亲戚的家门时，操着北方口音的老乡对我说的第一句话"侬是从乡下里来的吗？"您想，我当时是什么滋味？真正的一个乡下的乡下人，居然连城市里的乡下人，她都敢傲视。我想：不就是您住在上海当时的乡下吗？怎么连自己的身份都……

中青

像日本人。

树林

大家说的上海人其实大多数也是外省移民，时间长了变成了上海人。我是土著浦东人。［微笑］

珍珍

写得太好了，只要你有上进心又努力工作，上海人都对你很好，在我们单位升职的外地人比本地还多，这说明外地人很努力工作，本地人比较安于现状，所以上海人很容易接纳优秀的人。

老有味

各地人均有优缺点，只是占的比重不同或是优的大小方面不同。

同意此文观点。

Coco 君

总结得不错。〔微笑〕

Azure 阿祖热

海纳百川、兼容并蓄、开拓创新、精益求精、契约精神、公民意识、艺术修养……就是冲着这份文化认同爱上魔都来到魔都的，唯愿通过努力尽量向那些优秀的人、优秀的事物靠拢。

老张

上海话听不懂。

顾家荆

其实我想说城市离不开每个人的努力，但是不应深究谁作的贡献多。没有了某某还有别的某某，没有你干别人也会干，世界上少了谁都不会有什么影响。所以大家不用太把自己当回事，做好自己的事情别给别人带来麻烦才是正道。

顾卫明

我去过几个欧洲的中餐馆，老板自称上海来的，也是上海人啊。我用上海话一对话，老板忙用普通话，是浙江温州人。

余富有多

上海人牛逼、小气！

珍珍

每个地方都有优秀的人也有不好的人，我在长白山旅游时与东北人聊天,讲到马伊琍他说喜欢,讲到毛阿敏他特喜欢,胡歌他说喜欢。他说他们不像上海人,我说上海人就是这样的。你们对上海人有错误的印象,这些演员就代表上海人的特点大度爽气。有一次我在地铁车厢里准备下车,我站在车门前,身后站着三个很壮实较高的男人,听上去有点东北口音,只听他咳了一下就把一口浓痰吐在车门上,而且有1米多高。这么新的车门他怎么会吐上去?你说像这样的人能看得起他吗?这与上海人、外地人无关吧。

Lesley
　　感觉外国人还是挺喜欢上海人的啦!就是感觉有些在外的国人不太喜欢上海人。

白崟崟
　　我只想说一句,那些说"你们上海人可不可以不要讲上海话"的人,请你们安静地离开这座无需你们待见的魔都。

尼尼
　　上海的男人一级棒,买汰烧全包,这是上海人的骄傲。

anita
　　我在巴基斯坦的伊斯兰堡呆过半年,说起其他城市巴基斯坦人大都不知道,但他们都知道上海,他们还给上海起了个巴基斯坦名字——升咖义,他们说喜欢升咖义。除了上海他们还知道香港、北京,但他们不知道我们广州,但我说 Canton 他们有些人会知道。

礼金
　　我觉得上海人做事很守规矩,规则感十分难能可贵!

竹树
　　我交一上海好友(1971~1973年生),确实如此,很仗义,心细而善良,他姓施名润春。

Shan
　　给我们的上海人点赞!

Tsang Fong Fong
　　作者应该是上海的吧,王婆卖瓜自卖自夸。
作者回复
　　我是湖南人。

金磊
　　上海人最大优点就是不管你在背后如何指指点点,依然还是按照既定的规则行事!

Joey　度假房屋出租
　　一般生活在一个地方时间长了,都会带点当地的特性。这是适应环境,适者生存的必然发展。当地人有当地人的智慧。互相多一分尊重,很容易看到别人的优点。[玫瑰]

丁文瀚
　　赞赏你实事求是的风格和细微的观察能力,有思想及个性。[握手]

梦醒时分
　　哪里人都各有优缺点,我不好片面评论,但我在上海生活与邻居相处非常融洽,互相也有礼尚往来,政府部门办事效率很高,不像小地方为难你!

老江
　　可怜的上海人,戴着排外的帽子,弄得在家乡连上海话也说不下去了。

平平

　　作为一名上海人，我感觉作者的文章还是比较正确的。我曾听过一个大学教授所作的一个讲上海的报告。说世界上真正算得上是移民城市的有两个，一个是美国的纽约，一个就是中国的上海。我还听一个在日本东京生活的上海朋友说，在日本有很多我国其他地方的人说自己是上海人。还有一次去外地旅游，导游说团里有你们上海人，就去聊天，原来是新上海人。为什么他们都说是上海人，虽然他们听得懂上海话，但不会说上海话。看来上海还是令人有面子的。但上海人也要自醒，要改掉盲目优越的毛病！

Rain box～扬帆

　　上海人、外地人、乡下人、城市人都有好有坏，且好坏也是相对而言的。之所这么多人喜欢上海，那是上海的文化先进、观念时尚。你在上海若能接受上海的文化并运用自如，那你就是上海人；你若把你家乡的陋习带来上海，你就是外地人、乡下人……因为你与上海的文明格格不入。

坦诚

　　我不争论，但讲一件事。有一次到药店买去痛片（本人有偶尔头微痛毛病）。店主热心问"是谁吃"，我回答"是我吃"，她又问"你是经常头痛还是偶尔头痛"，我答"偶尔头痛"。她说"我建议你不要买，忍一忍就过去了，免得产生依赖性"。见她一脸诚恳，我不好拂她好意，说了一句"谢谢"转身离开了。到街上后又转身走到几百米外的另一家药店。这家店主也是一位中年妇女，结果和上一家药店如出一辙。我没吃去痛片，但不到一小时头也不痛了。这种事我只在上海遇到了，在我家乡都是店主先给你拿一大包去痛片，然后热情推荐进口药并说搭配吃效果好，云云。

汉

　　看这文章我快吐了。

坦诚

此文实事求是。

中国海运大哥

上海人也是移民人群,有什么可介意呢?没开放时期,来上海还要报临时户口。时代在变,人群当然也在变。不必要大惊小怪!

这里的黎明静悄悄

作为一名上海人,首先对参与建设上海的外来朋友表示感谢!再来,感谢到上海消费的(公款除外)!我祖籍也是外地的,是祖辈打拼留在上海!上海本来是个海纳百川的城市,你有能力就被接受,反之淘汰!学会融入,上海自然接纳!也欢迎![微笑]

大丽花

我的祖辈来自浙江和江苏,生在上海的我,从小随着插队支内的父母在成都生活,11岁后回到上海寄宿于各个亲戚家里,直到高中开始独立。在外面我是浙江人、江苏人、四川人,因为我知道我说自己是上海人总会看到别人异样的目光。但是出国,别人问起来,我直接回答Shanghai。骨子里我为自己是上海人而感到自豪。对于排外,我一直不认同,任何一个热爱上海、遵守上海的行为规范的人,我和我的小伙伴们都能很好地接受、尊重、认同。人无完人,对于某些觉得上海人歧视他人的朋友,你们的观点何尝不是另一种歧视?

张家宝

地域黑都是最低端的。既然你觉得上海那么差,请你不要来,也请不要把你看到的一些片面的东西到处散播。酸黑都是在证明你自己是既没自信还喜欢以偏概全的人。你喜欢说上海的建设归功于外来人,我也可以说他们的就业机会是上海所提供。最后,如果你自己足够优秀,你看到的、你认为的还会是这样吗?

猪猪是我呀

男女不平等,上海娘娘地位辣辣高。

Tiffany

一直在评论中看到浙江人穿梭的身影,处处贬低上海人抬高自己的家乡。可我想告诉浙江的同胞,对不起,上海人从不跟浙江兄弟比较,我们不断向你们学习好的方面,可我们不跟你们比较,我们甚至不跟世界任何一个城市比较,我们只是努力做好自己,不断超越自己。

心如水 lichunwu

别净拣好的说。

严玉荣

移民比例高的城市也好,国家也好,一定是更强大的,它吸收了各地最优秀的人才。作为一个上海人,欢迎各地优秀人才来上海发展,并希望你们认可上海固有的优秀文化,也把各地的好的一些文化、好的精神带过来,融合成新上海文化,一起把上海建成宜居的国际化大都市!

黎明

上海人不是看不起外地人,而是有些人讲的话、做的事因为听得多了、看得多了,不屑一顾罢了。

玉燕

赞。上海人的确是这样的。

周保明

谁说上海的成功是上海人造成的?

honeyflower

在上海近 20 年，喜欢这座城市。

Jaroslav

说上海不是本地人建设起来的那些人，可否知道"夜上海"的名号是从什么时候叫起的？那时候上海可否有外地人？

27

我觉得作者很无聊，属于那种所谓的伪公知吧，在这里刻意宣传地域歧视，在鬼佬眼里可都是中国人，而且标题本身就有问题。作者所谓的上海人到底包括哪些范围之内的人群呢？是包括拥有上海户籍的新移民人群？还是仅指祖籍是上海的人群？而这个人群中又有"文革"中从各地返沪的知青后代，也有解放战争时期从东北一路南下老革命的后代，还有解放前可追溯至晚清时期来自黄泛区的各地流民和来自苏常锡的小商贩、手工业者、破产农民……的后代，或者是仅仅只是指"本地人"？敢问这位"公知"笔下的上海人到底指哪一类？给一个建议，就是想要了解一个地方的人的性格或者城市特点，还是请先多研究一下地方史、人文史吧！而不是哗众取宠！！！

Vivi 菲儿

在国外旅游做出不当行为的，丢的是国人的素质，并非独指上海！过年期间，很多外来务工人员都回去了，虽然路面交通改善很多，但是早餐选择的余地少了，快递没了……希望上海人和外来的和睦相处。

真俐俐

［强］

老王(兆福)

上海的伟大并非上海人所为……

秀秀

喜欢上海。

Elvis

上海是上海人造就的,但今天的上海是全国人民造就的,不能顾了今天忘了昨天。怎么说都好,上海人以上海为豪,上海为上海人为傲,上海就是中国的一个城市!

zhengronghua

不管怎么说,上海人的小市民意识是不可否认的。

Nwr

感谢作者对上海人的客观评价。我去年到台北遇到了几个台湾人,交谈中他们知道我从大陆来,就问我是哪里人,我说是上海人,没想到这几个台湾人同时对我伸出了大拇指,说上海好、上海人好。改革开放以来,国人外出旅游、工作、学习越来越多,应该说上海人相对来讲在外面的反映还是不错的。

guozhinan

上海人的确如文中所述有许多优点,但是有一个最大的,也许是共有的缺点,就是不够"傻",此处所指的"傻"的含义各位朋友自己想吧!

动物园

应该说上海年轻人具备以上优点。

蓉蓉

说得句句在理!文明、谦让、守规矩、平等、精致,等等,都表明了上海人在全国的综合素质排名应该是第一的,身为上海人感到无比自豪。[强]我爱上海,爱我出生的地方。[微笑][爱心]

想飞的蜗牛

我很骄傲我是上海人。［害羞］

作者回复

蜗牛小姐,请别骄傲了,要知道,骄傲使人失败。［偷笑］本文的留言已经达到了微信留言允许数的上限(100条),您的发言无法选入精选留言供大家阅读。在此我向您表示道歉。您也可以将留言发到我刚刚发表的文章《为什么〈上海人的优点〉一文能引爆微信圈?》中。

明旸映红

再过一年我就80岁了,父辈就是本地上海人……曾经为自己是上海人而自傲,还支持"大三线"去陕西20多年……以前上海人是值得骄傲,因为聪明、明理、整洁……但现代年轻上海人,令人失望,与父辈相差甚多!公交、地铁根本不会让座孕、弱、老、病,连专座都形同虚设被占用!反倒是外地年轻人有礼貌……反差很明显!再继续发展,后果难以想象,有些丢脸!很失望……素质下降多可怕!!!

刘波(andy liu)

海纳百川、追求卓越、开明睿智、大气谦和,这就是上海。［龇牙］中国的上海和世界的美国,有点像。

Jenny

上海代表着中国的贵族精神,不仅仅是物质上的,而且是精神上的。这不是靠改革开放的几十年形成的,它是有悠久的历史和背景的。

干秀MK

不管哪个城市,都有"250"和"13点"的人,也都有识大体、落落大方的人。成就自己做一个人见人爱、花见花开、车见车爆胎的自己,毕竟我们都是炎黄子孙,做自己家族的榜样,更有价值。

David

上海女人比较好,服务周到。

小曾

上海有今天的成就是它的地理位置决定的,和历史也有一定的关系。至于小编说的上海人的优点我觉得只代表一部分人的优点,不可能全部上海人都这样。环境可以改变人的素养,就像在一个干净整洁的五星级酒店里,大家都穿的衣服得体,讲话轻声细语,你进去绝对不会大声讲话、随地吐痰。

李赜

看上海人的优点,不是人人能看懂、理解的。这与人的经历、学历、内在素养等有关。用现代的话来说,与人的价值观有关。

沃兆铭

沧海桑田,上海是从乡村发展起来的国际大都市,也是一个移民城市。大多数上海人的前辈都是从外地迁徙而来,从而带来地域上的观念冲突,犹如今天谈论上海人的孰是孰非。但是,我们的前辈很聪明,几代人的生活积累形成了今天不成文的合乎本地社会的规则,得到了绝大多数市民的认可。当然,这个规则肯定有异于其他地方的规则,少数新的移民或者游客在社会活动中受到无形规则的约束而有非议,我认为也正常,概念不同作出的结论当然不同,攻击性的争论没有意义,时间自有定论。

国伟

《上海人的优点》一文总结得太好了!若你身上集中了本文中讲的60%的优点的话,你便是一个有品质的人了。具备越多越优秀,不论是做人、干事业、教书育人,优点越多成绩越大,不容置疑!

justgd

上海的发展是因为地球的自转方向!

可可

这里对上海人的优点讲得很清楚。那就是不干扰别人,尊重别人;工作讲质量,来往讲诚信;男女平等,家庭民主。缺点是较自私、小气、抠门,爱面子、爱打扮、圈子小,老克勒崇拜欧美,旧上海十里洋场的遗风,但与国外接轨快。

A。文豪(三十三把刀)

上海能发展成这样是历史地理原因,本身就是沿海属于发达城市。什么上海人的素养,我在上海生活19年,上海人什么样我能不知道吗?但是都是中国人,咱不能说哪儿人好哪儿人坏,哪儿都有好人坏人,何必相提并论,不是很无趣嘛。不过普遍的上海人素质蛮高的,不过是因为受到的教育不同罢了,素质是素质,朴实是朴实,两个概念不能相提并论。谢谢。

李珊

时至今日,我都记得第一次和朋友坐上公交车。我看见两个位置,我坐上去并告诉朋友旁边还有一个,结果一个上海姑娘不管三七二十一就一屁股坐上去,还傲娇地不屑一顿地说着"他们外地人听得懂吗",留她男朋友尴尬地站在旁边羞红了脸。时至今日,我依旧记得我去一家饭店吃饭,一个上海女人因为点的菜不合她心意,上一道挑剔一道骂了老板娘半个小时,说"老板娘一看就是没有进过大饭店吃饭的乡下人",留老板娘在旁边难堪地站在原地,我听不下去转身离去。那些一幕幕直到现在依旧记得。不可否认他们也有很多的优点,但是从我看到的那一幕幕起我就否定了一切,而且永远不会改变……

老周

一方水土养一方人,是社会发展长期形成的,不是自封的,也不是捧出来的。称外地人为"乡下人"大都是为了区分,并无看轻之意。

BoBo King
每个地方都有每个地方的好!

鲍伯周
只针对放鞭炮这一点来说,青浦这边可是满天烟火、四处轰炸,一晚不得安宁,所谓全城安静只限于内环罢了。

Charlie Xu
爷爷这一辈是1937年为逃避战乱从杭州逃难来上海的,住在当时的法租界。父母这辈在上海求学工作,以后我们这一辈出生在上海。说我是上海人,其实也不过三代。上世纪80年代来美国留学,口袋中只有当时政府规定的60元美金。所以,当时的留学生每个人都会或多或少在中餐馆打一份黑工。记得刚开始,比我经验丰富的几个先来的留学生拼命排挤我,成天到老板那儿说上海人精,让老板赶我走。后来时间长了,我觉得我年龄比他们大,经常会把小费好的客人让给他们,又经常会帮他们一些举手之劳之事,一来一去,成为朋友。现在我们通电话,他们一开口就叫大哥,好想你(男女都有),什么时候再回来聚一聚。再后来,因为工作关系,接待了不少石油天然气总公司来学习和访问的团,记得那天他们回去前的欢送晚宴上,那位副部长拉着我的手说:这些日子真麻烦您了,太谢谢您了,回国一定来北京,我要好好招待您,哥们一点不像上海人。

Owen
经典。

俊毅
难能可贵地评价了上海人的特点,实在、中肯。有的是处处说上海人这也不是那也不好,可他却偏偏要留在上海。上海是一座文化底蕴丰厚的城市,开放较早的口岸城市,吸引了众多的有识之士和有为青年来建设上海,海纳百川的大批优秀人才进入上海、融入上海、发展上海,才会有上海的今天,所以上海是全国的上海,上海能成为国际大都市,是全国的骄傲。上海男人成为全国议论的焦点是不奇怪的,上海男人有独特的魅力,也成为许多女青年择偶的标准,确实有其道理的。

Ping Dong

我无论在加拿大,还是在洛杉矶,经常有很多人说我不像上海人,我一律回复说:我是上海的精英。的确是,任何地方都有不同层次的人,也不能用诸如财富、学历等标准去衡量的。

施栋

作为一个上海人,我只想说上海不排外只排毒。

Zhu 朱

上海人的确整体不错,素质、修养都上乘,尤其上海女人更是有洋范、高资质,美靓无比,上海老、中、青女人都很有气质。男人爱老婆,孝父母,爱小辈,很能挣钱,大都很文明,穿着打扮也时尚,与上海这个大都市相映相辉。我很爱上海,并喜爱上海人。

嘲叽叽

本人上海人,不排外,只希望全国人民都尊重自己。举个例子,小孩迪士尼拉屎,地铁上嗑瓜子,只要是上海人做的,我就在这里和你说对不起!

eric

上海人把外地说成乡下并非看不起外地人。上海其实是个移民城市,好多是全国各地迁移而来,上海方言中的"乡下"泛指老家,所以,逐渐地把外地人称呼为乡下人,是指老家人的意思。不要再说上海人称外地人为乡下人是看不起外地人了。大家自己想想,有没有把"老家"叫成"乡下"过!

Daisy 黛黛

还有,上海过年不吃饺子,不吃饺子,不吃饺子。

Daisy 黛黛

看看上海的电视频道,全是东北味。沪剧、上海滑稽、评弹,这些我们小时候打开电视、打开收音机就能听到的传统曲艺,现在呢?〔发呆〕

张健康

上海,是人精汇集的地方。所谓人精肯定是受过良好教育,经历了磨难而懂得了为人处世的基本道理。

草头芳

在国外,老外喜欢问:你在中国哪儿?回答是上海,他们马上很高兴。

li jun

上海人小气、小心眼,办事斤斤计较,男人没有一点男子汉气概,娘唧唧的。

叮当猫的口袋

外国人很势利的,我在韩国说我是 Chinese,韩国人点头蛮敷衍的;然后说 from Shanghai,一般都会抬头很羡慕地看我。

夕阳红

上海人的自豪,来源于上海是个国际大都市而已,上海人的素质?

苏宝萍

　　我是上海人,我把我们上海比作一个大家庭的长子,帮着父母照顾抚养弟妹,把弟妹们养大了有点出息了,马上就说大哥这不好那不好,这跟白眼狼有什么区别?是人都会有缺点,你们没有吗?说上海男人没有气概,去问问你们年纪大一点的就知道了,上海出了多少流氓知道吗?流氓是不打架的,懂了吗!上海人打架的时代你们根本就没见过。

布隆迪

　　上海是上海,上海人是上海人。

Shiloh

　　上海的优势是国家给予的。[微笑]

胡启明

　　外国人为什么要对浙江人竖拇指呢?有什么特别之处?

峰大人 Ryan

　　好文章,讲得在理。我家里是爷爷辈从四川出来当兵参加的抗美援朝,复员后分配来了上海。我从小喝黄浦江的水长大,在我心里,这就是我的故乡。有时看到一些不明所以的对故乡人的指责,也会伤心难过。但是我也知道,上海的确有部分人歧视外地来的朋友。我从来以身作则,打心眼里认为五湖四海都是兄弟朋友。有外地朋友在场的情况下,我一定会说普通话,这样大家会少很多间隙,希望不要给他们隔阂的感觉。大家出来打拼都不容易,背井离乡的人更辛苦。希望人人都能善待这个社会,社会才会进步。

葛智娟

　　祖祖辈辈都生活在上海,感恩自己能出生在这样一片土地上,太幸福了!没有外地人,确实成就不了我们的大上海,想要清静又想要繁华,鱼与熊掌不可兼得!

袁勇军

北方曲艺妖魔化上海人多年,上海人一笑置之,周立波(不评论此人怎样)一句"大蒜咖啡",北方人群起攻之,到底谁小气?

富文美

作为一个上海土著人,谢谢张鹏工作室写的这篇文章,努力,发扬,团结,友好!!加油,上海人!!!

荣科

上海人的优点很多,不是几句话就能说清楚的。上海人现在只有1400万,还包括新上海人。外地人在上海也达到950万,几乎是一半了。上海人的优点是上百年养成的,平时我们说的一个人有教养,也是家庭生活耳濡目染。外地人来上海后把很多不好的习惯也带来了,如随地丢东西、随地吐痰、随地大小便、乱穿马路、大声说话等,也说是上海人,这几十年把上海人的优点掩盖了。不想说了,要说的太多了,可能要写成上万字,不方便表达,就此而止!

寒松冷梅

上海今年有鞭炮声。

银杉

我喜欢上海的繁华。我小时候,就是上个世纪70年代,我家是齐齐哈尔人,家人每次去上海给我买好看的衣裤、鞋子、围巾,把我打扮得漂漂亮亮,成为全校最美的孩子:裤线笔直,小蓝格子的确良衬衫,宽边皮鞋。嘴里含着上海糖,攒了好多漂亮的糖纸,从小我就知道上海好,发誓长大了去上海看看。90年代有机会去上海发展,因为有了孩子,就没有敢去;后来孩子长大了很想让孩子去上海发展,因为急于让孩子工作,就选择了天津,现在孙女都 3 岁了,积三代功德,但愿孙女能在上海最繁华的地方生活得美好!上海我打算去你那里生活居住度过老年生活,这样可以实现我年轻时的梦!我曾经多少次想等我有足够的钱,我坐飞机去上海买漂亮的衣服,把自己打扮得漂漂亮亮的。这个梦想是不是离我太远了?因为我明年就 60 岁了!岁月静好,我却醉了,有条件的话,上海等着,春天我去看看你!

南山翁

上海人的优点让全国人学习,这是我的心声。谢谢了。

源富

浙江人精明,比上海人更小气。

通笑

文章开头部分,关于鞭炮的描述不准确。上海只是外环线内禁放鞭炮。我所在宝山区杨行镇,照样鞭炮大作。什么两千万人(外地人回家了,也就没两千万人),没有一声鞭炮是言过其实。文章的由头就不准确,下面的内容也就大打折扣了!

肥虫虫虫

做个有素质有礼貌的人,到哪儿都会受欢迎。作为作者的老乡,同样在上海工作定居,我接触的上海人都非常好,根本没有什么鄙视之说。作为外地人,我也讨厌没素质的人啊,上海本地人也鄙视没素质的本地人。

吖姐路

还是杭州好,要不然为什么那么多的上海人喜欢往杭州跑。

老薛

上海人本来就来自各地,待人处事风格各异,没有什么特定的优缺点。

山丘一墨墨

不能把谦虚看成小气,不能把内敛看成弱智,不能把讲究看成计较,更不能把包容看成是没个性!处事方法的多样性就是上海人的精明之处!

GLLUCKY

不喝酒?KTV酒吧,大批酒店酒桌上下来接着喝的。有些优点没说,有些又是凑字数的瞎编。仅举一例,不想浪费笔墨。

月儿

作为一个在外地长大的上海人,我总是有一种不属于任何一边的感觉,因为我听到外地朋友说上海人坏话时,和听到上海朋友讲外地人不好时,感到的是一样的气愤和尴尬。我对于这个城市最爱的地方是她拥有一种相对的公平,不管你是哪里人,能力决定你的前途,也许很多条件决定了一个人通往成功的路难度有不同,但是在上海,最终只有你的能力能决定你的成败。这才是我爱的上海,不管是上海人还是外地人,请不要用辱骂来掩饰自己的无能和愤恨,你只是拼不过别人。如果一定要说地域歧视,我只能说全国各地哪里没有地域歧视?不要因为上海站在金字塔靠上面的地方(都还不是最顶端呢)就针对上海好么?

谭少军

作者明显没有去过国外的发达国家。

老程

这位非上海人对上海人的观察非常仔细,对上海人的优点和缺点也说得非常在理。过去,极少数的上海人的确有"大上海主义",看不起外地人,是他们败坏了上海人的名声。但绝大多数的上海人与全国人民一样,对外地人都是很热情友善的。改革开放以来,上海人的规模在不断扩大,越来越多的外地人加入了"新上海人"的行列。上海一定会越来越好。上海人一定会对我国的伟大复兴作出更大的贡献。

雨晨

上海人怎么样要看你住在上海哪里了,那些五口人挤在潮湿小屋子里的上海人没有这些优点。什么精致什么包容什么认真,呵呵,那些真的有这些优点的上海人都过得不错了,那些让人反胃的上海人在上海这样机会很多的大都市还是过得一年不如一年,活活把自己小气死了。

A菜

市区人与郊区人又有很大区别!郊区的朴实,但文化素养差不少,你上面说的优点很多不具备。对外来的也更排斥一点,但是绝对比市区人好相处(我在郊区待了快 20 年)!!!

宋蓓蓉

说得太好了,确实如此。〔调皮〕

ㄆㄚT

历史长河,存在中合理。

戴晓明

体会最深的是上海的菜馆做的菜很精致。

真心

主要是认真。希望大家都这样,中国定会强大。

可心可乐

Kenneth 说:"上海成功是政策结果,与上海人无关!"我可清楚地告诉你:你这种说法就是一种无知!

丁丁桑

上海本身就是个移民城市,很多人爷爷辈的都是外地来的,移民的特点就是勤劳适应能力强,外加有点小智慧。如果我的爷爷当时也抱着各种埋怨、各种不习惯的心态工作生活,想必他早就回老家了。

华云

我是上海外地人,上海是个花花大世界,去那里奋斗已经不现实了。但还是有点留恋上海我的故乡。

二十九军军部

笼统而言,这是文化及思维方式的冲突。坦白而言,这是落后与开化的对撞。放眼而言,这是进步与倒退的对决。大白话而言,就是你说裙带关系,我说契约规矩;就是你说拼酒闹婚,我说咖啡文艺;就是你说该出手时就出手,我说大家有事法院见;就是你说体育老师告诉俺上海1949年之前小渔村发展全靠政策好,我说历史事实是开埠已近二百年上海早是远东第一城……(以下至少省略一千字)

可心可乐

分析得客观、理智,不带感情色彩,同感!

金戈

作者一点都不像上海人。

良友

我赞同作者张鹏这篇文章的观点,文中其对上海人的优缺点分析、点评非常精确、到位呵。给作者点个赞！中国人要屹立于世界不倒,让全世界人敬佩、信服,不仅要强科技、强军事（落后挨打）,更要强人的文化素质和文明素质,要相互吸取各省市地方优点将其发扬光大（克服、改变落后愚昧不好的陋习）。那我们中国人无论在任何地方,都会受到欢迎和尊敬的呵！

张卓生
　　上海女人是中国大地上没人能比的。

程海晋 Haijin Cheng
　　看上海一定要从解放前的远东第一大都市和海派文化开始。如今海派文化消失了,但残留下来的影响形成了今天的上海特有文化。解放后到改革开放之前,上海由于户口等原因反而封闭了很长时间,到改革开放后才又多少恢复了海纳百川的特点。我自幼在老上海人（解放前上海人）圈子里成长,他们的确与众不同,而且也没有很多国人抨击上海人的那些特征,反而具备所有文中所说的特点。希望上海除了在经济领域之外,还能像解放前一样在人文文化领域取得举世瞩目的成就。

刘飞龙－上海创韵文化产业
　　文章有创意,且真实地表述了上海人的行为观念。正因为上海人的文化和包容,才有"百年历史看上海"之说,值得点赞！

小凌
　　上海口岸像广州一样开放早,接受西方文明也早,所以造就了几代"新的"上海人,从前上海城里人都叫上海郊区人为乡下人的。因此根子还是文化与文明方面的原因,没有什么好奇怪的。

mary 苗苗
　　大度点了,上海人的优点全世界都知道了,千万不要生气,伤了自己不合算了……

飞飞

　　王婆卖瓜。

电闪雷鸣

　　在国外江浙两省人都自称是上海人。［偷笑］

小凌

　　我就是生于斯、长于斯的滴滴刮刮的上海人,今年71岁。真正的上海人(城里人)是什么人？其实应该是有知识、讲文明的具体对象。小时候,就听长辈讲上海城里人大都是从外埠来到上海的。

友爱心

　　是的,如果全国人民都能克服缺点、发扬优点,国家就能进步快点,国家就能更富强,人民就会更安康,国际地位也就更高。我们都来做个好人,有能力的做个有担当的。大家都遵纪守法,国泰民就安呀！一小兵的建议。

龙腾虎跃

　　金无足赤,人无完人,上海人有缺点,但优点多多。上海人的祖籍来自全国各地,留下来发展的绝大多数是精英,否则,上海怎么能成为国际大都市、东方明珠呢！

钞票

　　作为一个纯粹的上海原居民,爷爷、外公以上几代也是在上海繁衍的后代。我是上海人,我爱上海。上海公平、公开、安定,这样的社会文化环境,我幸福,我珍惜。［微笑］

晨胧
  上海的人群现在很杂,什么都有!

ibukuroJean
  说上海骨子里是移民城市的,这些早期移民大都来自江浙地区,同属一个文化圈,上海的发展也归功于他们,还有本地人,和现在的东西南北打工仔没一点关系,别偷换概念。全国最需要建设的是打工仔老家,为何打工仔宁愿建设最发达的他乡,不愿建设欠发达的家乡?所以说,所谓的建设贡献就是皇帝的新衣,说白了上海为打工仔解决就业,维护社会稳定。

亦飞
  发扬优点,改进不足,做一个真真的上海人!

张华
  上海人不是指居住在上海的人,不管你住多久。上海人指具有海派意识,有海派特点的人,哪怕他并不出生在上海。

陈教授
  各地的人都有特点,能简单勾画出各自的优点和特点,实在太难。继续努力!

胡 ing
  感觉跟日本人很像。

老邵爷们
  为什么不写上上海人爱占小便宜,住酒店都会换走小毛巾?

元気君
  不用多说,上海人被攻击的原因就是被嫉妒,而上海人就是有天生优越感，管他其他什么地方的人怎么看怎么说，不了解上海还对上海指手画脚说三道四，有本事倒是把自己老家去建设建设，少在外面丢人。

红

上海的社会文明程度比起国内大多数城市还是要高。

Nia

不否认您的观点，上海人的确有很多优点，但还是要看您喜欢什么样的生活了。举个最简单的例子，我在北京电梯里碰到不认识的大爷大妈，会特温暖地跟你打招呼"您出门啊"，而多年前刚到上海在一个固定的报摊问路，那大妈听到我用普通话，头都不抬说"不知道"，而那条路就在报摊旁边，所以上海造就我们凡事不求人。"社会人情"是最大的区别，如果您不 care，上海生存环境的确不错。

仲元

羡慕，来上海的理由。嫉妒，与上海比较的结果。恨，最好是恨铁不成钢。[玫瑰]

以诚相待

应该是上海的本土文化造就了生长在上海的人的素质和修养！小编说的优点是大多数上海人所体现的！

狼道

东北人怎么了，这么贬低东北人？上海人有什么了不起，只是地理位置好而已，国家的经济中心而已，广东、福建、浙江……也不比上海差，上海只不过是殖民地的产物，上海人怎么不贬低香港人、澳门人、深圳人呢？

孟夏英

上海人遛狗还需要提高素质，如绿地、弄堂、马路到处是尿，真的很脏。

阁

我补充一点,那就是礼貌,在上海无论你打车或者去水果店买水果等,在你下车的时候,经常会听出租车司机师傅跟你说一声"谢谢",水果店的老板在你付完款转身的一瞬间说"谢谢",这是在表达对你关照他们的生意的感谢,出于礼貌你一般也会回一句"谢谢,再见"。当然做生意的也不一定都是上海人,但是上海这个地方有这样良好的氛围,让人们变得礼貌、守序,这也是这个城市的魅力,不是吗?[可爱]

团团。Helen

豪气是指英雄的各种品质、豪放的气概。北方人豪放是指行为大气,就事论事,慷慨大方有勇气。你说的野蛮不能指大部分北方人,南方不也有野蛮的吗?我是北方人,我男朋友上海人,我俩性格相反,有时候我就急他该说话的时候不说话就委屈着,然后就只能我出面了,[龇牙]但我一个女生肯定不会野蛮的,相反男生没有出去讲理的勇气,不愿惹是非,宁愿自己委屈着,我觉得不好。

j. dvwei

都说好政策给了上海:一,开发西部二十年,政策给了,外资、民企进入后,设备也不要走了,为什么至今落后呢?二,东北支援?支持,数据下,上假。商人与政策一样,哪里能产出、效益高,往哪里倾斜,是吗?付出,才能得。到处靠小富即安,永远不发展!外资为啥投上海?政府是服务机构,文化程度不一样,眼光要远。

丁承安

讲得不错,有道理。

老王

上海是上海人的,也是全国人民的,谈论这些问题是否有意义?各地人们、各民族都有各自生活方法、思维理念,存异求同共同开发建设上海有何不可,何必追究明白。

博士山人

这些优点,其实就是西方人,或者西化的民族所拥有的。

耐么哪能办

不能同意更多,只能给你个赞。[强]

王葆如

比较客观、公正!

小良一Tori

反正国内我最喜欢上海。基本上所有在外面读过书的人回国只接受去上海工作。

desire

我觉得上海人和本地人还是有区别的。[可爱]

老司机

我是北方人,但我认为以上见解评价客观、真实。如果中国人中有三分之一的人具有上海人的素质,那中国的方方面面将不可想象。

孙工

上海人其实是许多外地人组成的,他们从全国各地来到上海,慢慢地就变成上海人,在这个国际化大都市中,渐渐地改变着自己。时势造英雄,环境改变人。

建平

　　作者对上海人的赞美,颇有说服力,也有同感!不过以地域区分人的优劣,并不科学,"十年倒有九年荒"的凤阳,出了一个封建皇朝中最有为的皇帝朱元璋;穷乡僻壤的湖南,近现代人才辈出。作为经济最发达最现代化的大都市上海,理应大量产出大批优秀人才,但马云、任正飞、董明珠、张瑞敏、宗庆后等都不是上海人,这些现代真正的领军人物,上海出了几个?正所谓优点不说跑不掉,优点说多了让人骄傲飘飘然!尤其不要说:你看不惯上海,你就离开!没有阻拦你!太伤人,有老虎屁股摸不得的嫌疑!要是他们真的都走了,上海三天都存活不下去!特朗普嘴巴再凶,要是移民都走光了,世上还有美国吗?美国人不要"老乱",上海人呢?

hun-hun

　　现在的上海已失去原有的味道!

羊好懒

　　好文章,其实上海很多城区内的人,包括我在内都是三代左右移居过来的,而上海真正有点排外的确是上海郊县的原住民。在工作环境中,上海的开明是公认的。不过毕竟一个庞大的人群,各色人都有,不乏素质低的。但总体的素质层次,在全国范围都是第一流的。当然,这里面包括已经或正在融入上海的各地精英。

北斗

　　总结得很好。

富白美·傻白甜·Ada

　　我是上海人,我骄傲。[可爱]

开心果

这些优点是历史文化的培训。

阿梨巴巴

一直听到对上海人的诋毁,我总是一笑了之,不值得生气和反驳,因为我们一直在朝前看,"择其善者而从之,其不善者而改之"。

天地之间

四五代以上的老上海基本都是老实忠厚、本分规矩、勤劳善良、不精明而善于做工(工人)。上世纪三四十年代大批浙江人,尤其宁波人移居上海经商办企业,因为上海当时是海外通商贸易最繁华的口岸,从那时起上海的企业商号浙江宁波的老板居多,绝对超半数,宁波人精明习性随之流入上海,就连沪语也被混入宁波腔,左邻右舍绝对少不了有宁波人。老上海待客会把菜盛得盆满钵满,尽量把家里喜欢的招待客人,而宁波人恰恰相反,以小盆少量多点款式待客,有的主人常会当客人面说"吃不了的,别再烧了,明天还有人要招待了",客人也只好附和着说"够多了"之类的客套话。随着一代接一代人的习性融合,精明而致富的宁波人比比皆是,这种优点很现代化,直到现在人人都在学样,外埠人根本分不清谁是真正的上海人,因为全是"夹种"了。五代以上一直生活在上海市中心的"纯种"上海人你已无缘认识了,因为他们仍保持着原有的习性。

蓝天白云

我是在上海长大的,的确上海人有许多优点。我现在已经80多岁了,每次回上海坐地铁,广播里说"让给需要的乘客座位",看起来很文明,谁需要?一些人低头看手机,有时还是中年人让坐,不像外地车上直接说给老弱病残和抱小孩的乘客让座更好。

所安 Rafael

上海人地铁抢座位比较严重,还有随地吐痰的也不少。

黎川县优基绿色食品经营专业合作社
　　我把青春留给了上海,到老了还乡。

Y.
　　上海人?不以为耻反以为荣,早年在上海有点势的早跟着跑台湾了,留下来的是什么?江浙大户人家的仆人佣人而已……

dadada.....
　　作者回复的,满满地向着上海人多好的方向。在上海生活不算时间太长,实话说,不怎么喜欢上海人!优点有,劣根性也很足。骨子里透着满满的上海人的傲娇感。看来作者也是没完全了解上海人呀。

人间正道
　　都是中国人!

qcwang
　　特点两个字:认真。

zhangzi
　　欧美发达国家,瞧不起未进化的非洲人。

钟良海|智能家居指纹锁
　　哪里都有好坏,所谓的好坏大家又怎么做评判呢?没有所谓的好与坏,有自知之明就好。

171
　　作为上海人我还是爱我们的老上海,早在很久前我们就具备这样的境界。但是现在哎……太海纳百川了,感觉真的已经快消失了。

开垦者

确实如此。上海这个城市政策性很强,国家的政策执行得百折不扣,小城市、小地方就不行,最恼人的是:小地方山高皇帝远,谁也管不着,位高权重者说了算,老百姓很无奈。

欢欢玻璃心

看了那么多的留言,我也想说一句!知青下乡十几年后,全国只有上海面对这些人的子女落实了政策!上海把那些年代背井离乡的后代接纳回到家乡!把上世纪60年代初支持新疆和支青支内为国家作出贡献的老人们接回家,这在全国绝无仅有!想想吧,上海的忍耐和宽容哪个地方政府做到了?

霜溪月

来上海已经30多年快40年了,上海的文化和精神,总结出来就是"海纳百川"四个字。上海之所以是上海,就是因为能吸取来自各地区各国家的文明精华,还有最关键的"吐故纳新",思想观念、精神意识、生活方式、工作态度等莫不如此,所以,那些成天口中"YPYP"叫嚷着的人,那些成天吐槽被歧视的人,有什么好纠结的呢,做更好的自己不就完了吗?〔微笑〕

威廉.明

所谓上海人,我认为:广义概念指出生在上海的人,狭义概念指拥有上海户籍的人。每个地方的人都有自己独特的一面,在当地的一些风俗民情到其他地方可能就成了陋习。所以上海人看不起外地人或外地人看不起上海人,如果只是针对各自地方风俗民情,我觉得都不必互掐,可以一笑了之。其实上海人看不惯(不是看不起)外地人的是按照普世价值来说必须改变的一些落后思维和行为,至少我是这么认为。当然,我们都是按照大部分人的行为来定性的,具体到个体,世界各个地方都有令人讨厌的人,不仅上海人、外地人有,外国人也有。总之,我们都需要向文明靠近,认识到价值观是多元化的,需要互相尊重和包容。指责别人不如努力提高自己。

豆宝宝

别的不用多说了,单只一件事:女性地位高,就能说明上海人的整体素质超出全国其他城市了。我是上海人,我自豪![傲慢]我是上海女人,非常开心我生在了中国的上海,而非其他任何一个地方。

SS 大白

中国大陆只有上海有迪士尼乐园。当中国还在解放前的时候,上海已经是冒险家的乐园。

危龙

不要把上海人好不好和上海这个地方搞混了,我们也是去上班的。

李斌

上海人人文意识在国内超前,与世界上发达国家社会意识形态接近,所以才有如今的评论,不奇怪。思想意识行为举止落后,产生的落差和不同,咖啡与大蒜的区别,正常。

春华秋实

人往高处走,水往低处流。想留上海就留上海,想走就走,谁也不能强迫谁。只是请留些口德。

阿兵

作者说得不错。其实,这些上海人的优点其他省市的地方也有,只是多与少的区别。有些人说上海的发达靠邓小平政府给的优惠政策,那说偏离了。新中国建立,上海百姓过着艰苦的生活,不但没有得到实惠,还无偿支持了全国。这些在国家档案馆都有证可查,政府应该还原一个上海在解放初对全国贡献的说明,给那些仇视贬低上海的人一个交代,让那些人不要恩将仇报。上海早在清朝就已发达,当时是世界第三大的远东金融中心。上海是靠租界经济发展而发达的,当时香港还是小渔村,日本东京都被上海甩在了后面。没有文化害死人,奉劝那些贬低上海人的人群,别把自己兽性化了。现在的上海,外来人口已经多于上海本地人口,难道上海还不包容吗?难道要上海本地人腾出窝来给某些好吃懒做的"YP"住,才能显示出上海人的包容?上海欢迎素养高的外省市人,如果真有真才实学,上海人肯定会佩服你,而不会排斥你。看了一个心理扭曲的浙江人说的:在外国听说是浙江人,外国人肃然起敬。听说上海人,外国人直摇头。这个自恋编造极端仇视上海人的浙江人,反而贬低了他自己。我去国外无数,是这样的情况吗?结果恰恰相反。作者回答得好,可能是在非洲。总之,同是中国人,要勇于承认自己的缺点,借鉴别人的优点,你才会有好的发展;否则,阴暗的心理只会让你自行灭亡。

谨言

上海是座海纳百川的城市,海派文化感化了融入这座城市的人,老上海人的素质是由历史积淀而定,新上海人其实就是眼界和境界提高而立足本坞。上海人之优点,是源于吸取他人的长处,完善自我。……谨言。

怡君

许多人没有深入了解,一旦他们在上海生活五年、十年以上,他们的内心不得不佩服上海人的文明、素质、正义、坦荡。丝毫不隐瞒自己的观点,我认为上海人最大的特点是在公开场合的正义、无私,高度的文明。这在全国其他大城市很少有这种综合素质。这是代代相传的。可能与上海开埠一百多年来被殖民有关。

中正安舒

上海人的优点:最后一条亮了!说到最后,原来是上海人再多优点也不如日本人。作者是日本后yi吧？

Master

好的政策给到上海当然不仅仅因为上海人的优点，地理位置等因素也占据很大一部分。作者所说的上海人的优点并不是别的地方的人就没有。深圳只是个小渔村，现在成为国际化大都市并不是因为深圳人的优点。

晓平

上海人最大的优点是不排外，本身上海就是全国各地的人集结而成的城市，我们的前两辈可以说没有一个是本土的，他们的坚韧、勇气、自信和善于学习才扎根于这个城市。在学习中，在生活中，他们丢掉了那些不良、不好、落后的过去，造就了现在的上海人。不信，你在马路上随便问一年轻人（前提他是上海人）他的父辈或再上辈是哪里人就知道了。这是个现代化的城市（早在上世纪30年代就是远东第一了，那时的东京、香港不能看），也是个海纳百川的城市（前提是你得入乡随俗）。道理谁都会说，做起来就不是那么容易了，故而产生了很多对上海人的看法。

瑞云

赞，对上海人刻画太到位。

羽亲

所谓的上海人是指以前内环线内的居民。

魏季培

上海人的优点，这话很难讲清楚。因为上海是个移民城市，真正的老上海人应是松江人和嘉定人。可是我在上海读小学、初中、高中（1951—1963年）时，却是把松江人、嘉定人、浦东人、崇明人叫作乡下人，同学中还有许多人被称作小宁波、小绍兴、小苏州、小广东、小山东、小四川,还有江北人(指长江北面的江苏人)。当时同学中都讲带着乡音的上海话,一听就能分辨出来。这部分同学约占三分之二。现在如何定义上海人都讲不清,又何谈上海人的优点。

吴时轶

为啥喷上海人的时候都是说小气、娘炮、排外呢？不说上海天价斩客,不说上海把游客打毁容呢？因为真没有啊～好气啊～那就喷他们小气、娘炮,排外吧～［亲亲］

楚楚

上海人不真诚,不管亲戚朋友,没有一句真话！

伊青

上海人在中国的处境有些像白人在美国的处境。在美国,少数民族经常会说被白人歧视,看不起他们,实际上心里都明白白人是整体上最有教养的族裔,不然就不会有那么多父母高高兴兴把女儿儿嫁给白人男生了。［调皮］

SWORD

现在有没有发现——赞美上海的都是高端有素养、有眼界、有品位的各地人才、大亨士！抹黑上海的是格局一般般、生活黑暗的家庭背景黑暗的客官……［微笑］

傲雪寒梅

上海人很好啊！再说无论什么地方的人都有好与坏,我就觉得上海人很有素质(不过我也是上海人)。

boy008

上海的成功,都是上海人的功劳？有历史地理位置和国家政策原因好吗?

百炼成钢
向上海人学习。

滴水湖
公共场所一群人,不用开口说话大家一眼就能看出高雅人与粗卑人;来自五湖四海的市民百姓,不经意间大家马上能分辨出上海人与外地人。这就是文化与修养不经意间自然的流露。其实有些人嘴上贬低上海人,心里直埋怨自己不是上海人,这些自然而然的想法本身就已经说明了人的文化价值取向。这些人如果把嫉妒埋怨甚至于仇视化为学习和提高自己素养的动力,上海这座移民城市决不会排挤任何外来移民,哪怕你以后不一定在上海生活,也一定是一个受大家欢迎的人。何况有那么多的外地人提升了自己的文化素质、生存技能,成了新上海人,如果再重回过去的生活他们会同意吗?还会贬低上海这座城市、贬低上海人吗?

魔都飞将
请问"开口笑",你口口声声的外国人,请问你在外国待过吗?为什么非要表示自己很了解外国人?

YH
感谢作者对绝大多数上海人作了公正评价,但不包括最出色的与最差的极少数,前者为精英或成功人士,后者为自甘堕落者……

芳芳
我在上海好几年了,感觉在上海压力大,没有归宿感,对上海人没好感,他们矫情、自私。特别是老人,不代表全部。[憨笑]

乔木

其实我不太理解为什么要专门写一座城市人的优点,更不理解为什么这么多人支持或反对!每一座城市无论其经济是否发展,都绝对有优点也有缺点。所以我不建议写这一类文章,如果是为了吸引阅读和评论量,那么你做到了。

晨曦

每座城市都有其各自的魅力与特征,在那里生存的人们亦是如此,尤以几代久居的"土著"们更为典型。这与人文环境和历史传承相关,正所谓一方水土养一方人,一方人育一方风土人情。

Francis Zhao

就是吃饭吧唧嘴,声大。

圣安东尼奥·马·戒

海派文化的精髓不是海纳百川而是西化、规则。这也是上海和国内其他所有的城市都不一样的根本原因所在。上海与别处的文化冲突的根源也在于此。

专家

只要在上海生活过一段时间,且有能力继续生活下去,没有一个愿意离开上海的。

难得胡涂

上海是中国的上海,包容是这个城市的最大特点。她会为成功者竖碑,但不会为失败者洒泪。当你融入这座城市,会感觉有股力量,裹着你朝前走。你拥有垃圾情绪,别人会客客气气远离你,自己就会失去机会。这是个英雄不问出身的城市,适宜青年人创业打拼!

ly 晨

　　本来上海就是移民城市,所谓上海人就是生活在上海并能够适应融合上海的文化习俗和文明有序环境的人。也就是不管来自什么地方,只要真正能融入大城市生活的人,都应受到尊重。

淘淘

　　优秀上海人,关键是文化的熏陶,是文明的积累,但上海人始终要有清醒的头脑,实干,务实!不受干扰地活出滋润!

王谷荣

　　上海挺像大苹果纽约的。同样都是移民城市,就像纽约并不代表美国,而上海也并非是中国的主流,不过上海距纽约还有距离,每个生活在上海的人都要继续努力,不要在意别人怎么看、怎么说。[抱拳]

泊爵

　　谢谢作者的文,写得很好。我是一个土生土长的上海人,的确像你说的那样,看不起外地人无非就是因为对方的素质不到位。现在我工作的单位里有很多的外地小伙伴,他们的素质和心态已经不是上一代的外来者可以比的了,在我看来,他们都和我们一样,而且有些为了能留在上海,比我们更加努力,只要自己做得好了,别人对他们的态度自然会不一样。[调皮][龇牙]

YJQ

　　上海人就是我们骄傲的资本,感谢我的父母。

玻璃心

　　我是土生土长的上海人,我的同事也有外地的,我跟他们都相处得很好。

朱荷琴

　　在上海十多年,最认同上海人的实在。有一分是一分,不搞花头。回老家就感觉为什么要打肿脸充胖子呢?上海人决不这样。我也认为,上海要更文明和理性。

Eon

　　其实吧,这些优缺点都是两面的。处事认真一丝不苟,在部分人眼里是认真、有原则,在一些放纵自己没啥原则的人眼里,就是做作、小气……保护自己隐私,留有个人空间,在一些人眼里是懂进退、有自己空间,但是在做客时候会毫不犹豫打开别人卧室、毫不犹豫坐在主人床上谈笑自如的人眼里,就是做作、小气、见外、斤斤计较。

海之声老汪

　　经济好的地方,人品通常不会差,穷山恶水才易出刁民。

泛泛之辈

　　要说上海发展靠上海人真不敢苟同,深圳、厦门这样的小渔村在国家扶持下都能发展起来,别说有基础的上海,只能说运气好吧,作者完全可以查查上海发展速度和外地人口总量的关系。而老一代的上海人同样没什么文化,靠着老宅子拆迁得的几套房子做起了收租生活的寄生虫。而作者感觉上海人好相处正是因为上海人的势利,有本事的人到哪儿都受人尊重,而上海人尤其看不起穷人,我部门老大是一个上海老头,三句话不离"傻逼"……这就是证明!当然年轻一代因为家境富裕,受过良好教育,素质确实高,对于外地人的偏见几乎没有。

卓娅

　　上海人确实有上述优点,是值得我们学习的,取人之长补己之短是每个人应该做的。

瀚海孤狼

我是上海人,但不以生为上海人而目空一切。

梦心

作为一名曾在上海工作的、生长在天津又在北京度过童年时代的山东人后裔,高度认同本文的观点,而且以我走南闯北的经历,和对现今上海人的感受,上海人还应多一个"大气"的新标签。或许这种大气来源于天南地北的人汇聚于上海,上海人不再是传统意义上的上海人,更多来源于成就造就的自信。而且同样作为移民与港口和租界地最多的天津,对上海有更多的亲近感和认同,不仅是历史,更多的是人性,如同两个位居南北的亲兄弟,而与之相邻的北京却在人文上相距较远。

高风亮节

我不是上海人,但我上世纪60年代经常探家路过上海,那时正处"文革"期间全国物资不足,一些生活必需品和食品比较紧张,因我是军人,上海市政府对我们比较照顾,只要有军人通行证在上海就能得到满意的供应,各部门服务态度在全国属数一数二的,有求必应,人员素质比较高,特别是年长的对人的确很真诚,这些大概是这个城市的文明程度吧!

孙佳凝(孙丽萍)

这篇文章转发朋友圈后得到了很多朋友们的认可,夸称客观真实到位。[强]

作者回复

那是上海朋友吧?欢迎加我的微信以便私聊。

陆锦萍

上海人被骂了几十年,上海城市照样吸引着无数人包括骂的人,涌进这个城市后大都舍不得离开,所以不屑理会这种声音,结果是最重要的,为自己是这个城市的一分子骄傲。

香港黄先生理财古玩家居

　　我是福建祖籍,香港身份的,过往 30 多年在上海工作生活,现在全家搬回香港,你叫外地人评论上海人,本身选择就不大对。因为要等到全国都认同上海时那至少要等到全国都小康,香港人看得起上海是因为上世纪三四十年代上海比香港富,而异帜前沪人又搬了许多资本到港,而后又在港传播许多海派文化,这些外地是看不见的。还有即使上海有贪官也不敢用偷工减料法贪,这个你从中环和其他连接处就可以感觉到,也就是说她不会用偷工减料法做表面文章来糊弄中央。为什么说这个呢,就是上海人的个性所然,就是宁愿让你生气而不刻意用欺骗先答应哄你开心⋯⋯

在水一方

　　上海人千差万别,用"上海人"三字不可能评说的。

许许

　　上海人有教养,懂规矩。

有情有爱没老

　　那些对我们上海人抱怨声中,有多少是外地人自己有错在先,才被上海人数落了无言以对然后在网络上"声讨"的?我也可以这样说:"不喜欢上海,请自觉离开。"这句话没有恶意,毕竟这是对双方都好的选择。[大兵]

sakonshima

　　点赞第一多的这位浙江人不知道是哪儿的,我们上海混得最好的上海人都是宁波人的后代,不知道你是浙江哪里来的,可能以前穷得一塌糊涂的浙江小地方改革开放也翻身了,上海人走出去洋人绝对高看一等的，不知道你说的浙江人洋人知道得多呢，还是大上海这个全世界都知道得多呢？

诚实
　　造成现在这种局面，主要是上海人自己为的。解放前及改革开放前，上海人一直把外地人都当成乡巴佬，就像电视剧《大染坊》描述的那样，实不知各地有各地的文化、民风民俗。上海人的性格不适合做铁哥们！〔调皮〕

朱红梅
　　上海是一个有文化底蕴的城市，然而时代的变迁，现在的上海人有多少是真正的上海人，老城厢动迁走了多少上海人，他们循规蹈矩地生活。我现在定居北欧，偶尔遇到上海老乡，一开口竟然多数不会讲上海话。我以上海人为傲，愿老上海的礼数、家教代代传承。

Eric
　　你大概是没接触过底层上海人，那是另一个极端。

沧海一声奸笑
　　都是中国人。

生星
　　在瑞士旅行时，和同机的几个家庭恰巧预订了采尔马特的同一家私人酒店。在前台办理入住，老板向我们介绍各类注意事项。所有人都静静地听着，包括小朋友，听完后再轻声予以回应。老板突然问了一句："Are you from Shanghai?"众人回答："Yes."老板由衷地说道："That's no wonder! You all look very nice!"简简单单一句评价，我想已经很说明问题了。

刘中

在上海越久，越感觉到上海整体素质的高水平。我觉得不仅仅是土生土长的上海人的传承，还有越来越多高素质的新上海人不断融入、添砖加瓦，保持了上海 Vs 野蛮地区的相对优势。

李佳敏

上海人胆子比较小，但这恰恰形成了守规矩的好传统。

香香

上海人对什么都不贪，对于应该处理的，也不小气！上海人比其他地方人比较有远见！

Wen Juan Zhang

从上海建立以来它就有着自己特殊的发展史，上海人近者来自中国各地，远者来自世界各国组合而成，他们吸取各种精华，吐故纳新。

陈晓鸣

上海这个城市，相对更注重契约精神。

珍妮 Anne

把上海人的优点讲到位，特棒。

孙佳凝（孙丽萍）

非上海的朋友对这篇文章非常认同和认可。

陶纲

作为中国共产党的诞生地，上海是否可以向党中央国务院申请更大的行政区域，以尽量满足想来上海工作生活的全国人民的要求，以减少对上海"排外"的抱怨。

菜馄饨

写得好！简单说：作为一个上海人我很自豪！其他城市的人，喜欢说的就让他们说去吧！我们不在乎！另外插一句：在上海犯罪的，如偷窃、强奸、抢劫、卖淫、杀人的，都是外地的！这些充分说明了什么也不用多说了！

chenhm

不喜欢上海的别来上海就是了，讲这么多上海的坏话有意思么，这就是所谓的素质？

Mr. Jim

上海模子，外地人少来。

富米

是的！我在国外也同样碰到过微友说的：上海不是中国！当时我也很错愕！还争着去纠正……现在想来，也就是，上海在他们心中和他们的一线城市是一个高度的！事实也是如此。

彦彦

完全赞同。

慢慢

这是我第一次给公众号写留言。作者虽非上海人，却对上海人如此地了解。最让我惊讶和佩服的是，在他人眼里上海人的斤斤计较和小气，作者都能明白上海人也没想占谁便宜。上海是一个移民城市，过去最多的有两种移民：宁波人，还有一大批因为发大水逃难到上海苏州河的苏北人。上海也因此有了"上只角"和"下只角"的叫法。而真正土生土长的上海人在南市和浦东。所以不知道全国人民接触的是宁波人？苏北人？还是上海人了？

老李

好像有的省没 985 大学,向中央要求迁两所 985 大学到当地。事实上你如行全国 985 大学毕业生都到你这工作。但如不行,就是有 985 大学,学生毕业都走了。老师来了走,又有什么用。

jchen

如果没人放鞭炮,说明并不是上海人独有的优点。因为至少有几百万外地人住在上海。

陆美人

说件小事可以以点带面。有次送两个台湾人去浦东展览中心,路上很堵,后座台湾人指着前面说有人在车边小便,我瞎嚷嚷哪里哪里(我在开车),他说肯定不是上海人,我问为什么,他说上海人是大陆素质最高的,不会这么干。事实胜于雄辩!

M. C

我不是上海人,是北京人!但是我喜欢上海人!崇拜上海人!努力向上海人学习,缩短与上海人的差距。只有肯学习和努力的人,才会变成有修养有文化的人!

炯炯那个有神

我骄傲我是上海人。

万山

都厌恶官员贪腐,在位的都想贪腐,官员都好吗?都说上海人不好,都想去上海,能说明上海人好吗?

王汝平

自从有了《渴望》里面的王沪生,从此就有妖魔化上海人的文化"病毒"！哪里都有好人坏人！无聊！

Lily
　　作为一个上海人的我，可以坦荡地说：我完全具备一个外国人的素养，第一诚信，第二公民意识！在公共环境里从来没有自私自利的想法。澳洲人能做到的我完全能做到，没有文化的差异，根本没有过渡期。当然上海人不是个个素养高，外地人不是个个素养低。问题是上海人素养高的人多，外地人是素养低的人多而已。复制自评论中的上海朋友！作为上海人，我自律，同时教育孩子自律；我遵守规则，同时教育孩子遵守规则……工作原因接触各地方人，上海人是素质最高的群体，上海孩子功利心最小，活得简单快乐！

ichheisse YW
　　挺赞同的，我曾经在上海工作过。唯一一点，不知道怎样融入他们的圈子。

随风
　　太自恋，全国各省市都有这些优点的人，不单一个上海，地域小视，不太好。

李英武
　　上海人均对国家的贡献远远高于全国平均水平。

由
　　前一阵子我去俄罗斯旅游，遇见两位俄罗斯朋友，他们问我圣彼得堡好还是莫斯科好，我明确地告诉他们，我喜欢圣彼得堡。然后我问他们，你们最喜欢中国的哪个城市，他们明确地告诉我，是上海，他们说上海人杰地灵，好！

更深的渴慕

［龇牙］上海老头老太挤公交抢位子比谁都快，哪里有特价比谁跑得都快。

亮剑

上海治安好，讲法制，那些在上海作奸犯科的自以为在老家可以不了了之，结果酿成苦酒。一句话，在上海触犯法律的究竟哪些地方人多？请到公安局询问吧。

Blue Moon

全国各个省、市、乡（镇）去走走去看看，再比较比较你就觉得有什么区别了。上海的包容可以说是全国第一，喜欢和不喜欢是你的权利。上海是全国的上海，我爱上海，我是上海人。

Yao. x

主观情绪比较多，所列优点并没什么特点，这无可厚非，但是这样读起来有洗白的感觉，写客观一点，论据多一点才能让人信服。

Mary Rose Ju

制造这条微信的本身就是对上海人的嘲讽。

汗血一马

没有正宗上海人，现在上海人往上两到三代都是全国各地移民来的。上海是最具包容性的城市，大到3万犹太人逃难到上海都被接纳，小到针头线脑小生意，大饼店都在上海洋楼间立足求生与市民和谐相处。各地人文差异不足为奇，例如北京出侃爷，东北人易拔拳头，四川人长于摆龙门阵，上海男人爱分担家务，互相不要比优劣，大中华一家亲，共建中国梦。

奔月

这个写得好,上海无愧于国际大都市。生活在上海真幸福!

现代农民

上海人不愿干辛苦工作,不肯吃苦,整天吃吃喝喝,搓搓麻将,每个小区有好几个麻将室就能说明问题。上海品牌也没有了,说明上海改进创新东西也不多。中国市场这么大,看不到上海产名品很可惜。

光明牌棒冰

讲得中肯。

prairie

那些说上海人在国外被人看不上的,又在痴人说梦胡言乱语了吧?老外连中国人日本人都分不清,一律称为 Asian。再说一些这些人要恼羞成怒的话吧,上海人在美国总体职业和收入好于其他中国地区的,受人尊重,那些编造谎言抹黑上海人的人基本就是在干着餐馆、按摩、诈骗之类的事情。

孤独患者

有人说,上海人胆小怕事,只动手不动口。我是学武道的,武道的精髓是磨炼自己。不管是花道、茶道、剑道、弓道、跆拳道或空手道,他们的精髓是磨炼自己的身心,而不是把自己练好了去和"傻逼"吵架。除非你的动作涉及和我一起出来玩的家人或朋友,才会让你明白为什么我们不动手。不是不想打,是因为你不配我揍你。当你对我家人和朋友动手了,抱歉~是你自己做的~

李伟民

每个地方的都有优劣,把上海人夸成一朵花或贬成一坨屎,未必都站得住脚。跑了全国许多城市,发现上海的职场环境或许是全国最给人希望、让人融入、竞争冒尖的。上海人的个性更多的是环境造就,能悟出了这点,评论上海人或者讲的话会更准确。而全国的社会环境如果都能造成类似上海人这样的个性,或许中国会更现代化了。

㇏♀→槑

我不懂那些说着上海不好还要挤进上海的人的思维逻辑,上海已经被你们摧残得不像上海了,孩子都被教得连上海话都不会说,只是为了迎合你们,为什么我们要放弃我们的?不喜欢你可以不来,诋毁只显示出你的没有教养,穷山恶水出刁民!

朱振萍

上海人比较讲规矩,遵守法律制度。

一波

作为上海人,上海是几代人的成就!是历史的作品!是天时地利的特殊地位造就的!

郁权 UK

这是上海人自己写的,完全是自恋。

爱芳

在自己的国土上分什么上海人、外地人,都是中国人,仅是方言不同。每个地方都有好人和坏人,犯罪并不划分地区,能为国家作出伟大贡献的也不固定在哪个地域。

作者回复

虽然本文的留言已经达到了允许数的上限(100条),您的发言本来已经无法选入精选留言供大家阅读。但为了增加反对意见,我硬是删除了一条支持我的留言,以便让您的留言能分享给大家。我欢迎反对的声音,因为我崇尚言论自由。

王小民(夕落山岚)

　　每个地方人群都有所长,也有所短。要五湖四海,提倡中华精诚。

Queenie

　　去国外,老外问:"Where are you from?"回答中国的其他省份,对方还要补问一句:"Which part of China?"回答 Shanghai,对方瞬间就明白了,还会补一句"Good place"。说上海人排外,估计是好多年前的事情了,为了适应有大量外省人在上海工作的情况,现在上海说普通话的程度已经到了要给孩子们普及上海话了。有哪个省份会推广普通话深入到本地人不讲本地话?

嘉露霖

　　一般只有在外国冒充自己是上海人的,没有上海人冒充浙江人的。

熏衣草

　　上海这座城市前几代好多为外省迁移来的,大家互相包容,相互帮助,共同建设并适应这个城市的发展。现在有些外地人一定要上海这座城市适应他、迁就他,不然的话就说我们上海人这里那里都不好,好像欠你八辈子,一定要容得了你的陋习。对不起,我作为一个上海人会静静地对你说,我想静静,请你安静地离开魔都上海!

陶渊明

　　先进文化与落后文化都是祖宗传下来的,世界共同竞争,文化影响经济,如果落后,民族无前途。

刘启卫

　　上海工人起得早。可惜现在老工人都退休了,去世了。工厂都关门了,不见了。

镜中乾坤

上海人的勤劳肯干、一丝不苟、富有创造性对上海的工业化贡献巨大。

邱珉

评论真热闹啊！我是一个出生在天津，在黑龙江兵团九年，在上海结婚生女30多年，也去美国生活过的人，所以觉得自己有资格也来评论两句。首先上海是中国人的上海，上海这座城市是包容的，上海人里有具备作者列举优点的人群，也有开口脏话骂人、在家打老婆的人；有举止文明、态度优雅的人，也有在外大声喧哗、举止粗俗的人；但相对而言上海还是文明程度较高的，希望所有在上海工作生活的人都爱护这座城市。不知为何由此又联想到特朗普对待移民的态度以及带来的激烈反应，呵呵，地球村里的人，停止争论，从我做起，共同来建设一个高素质高质量的文明宜居的社会吧！［微笑］

逍遥墨鱼

其实很简单，看一下东方110节目，哪些地方来的（嘉宾）最多，是上海吗？不是！

渭冰

作者的观点极其中肯。其实外地人对上海人的负面评价也是基于羡慕嫉妒。我小时候最盼望的就是爸爸从上海出差回来后给我们带回漂亮、洋气的衣服鞋子，包装精美的各色糖果零食。对上海一直有一种憧憬和好感。后来遇到的各色上海人，口碑都不错。曾交往过一个上海男朋友，待我像宝贝似的捧在手心里，会烧饭，有品位，有生活情调，脾气又好。可当时不知道珍惜，还嫌弃过人家不够man，现在想想都有些遗憾。在国外生活的这些年中，才越发觉得上海人之所以被吐槽，是因为他们的确早已跟国际接轨，行为处事更国际化，让大多数中国人不适应引起的。说白了就是文明和蒙昧的区别，两种生活方式的不适应。

但上海毕竟代表的是一种更文明、更规范、更有契约精神！

聂志强
　　移民城市是观念的集散地，不管你喜欢不喜欢，主流观念始终处于布道的位置，入乡随俗才能约定俗成。

玲子
　　上海的发展是国家政府多年重点打造成型的，就像深圳一样，解放前的旧上海也是因地理位置而成港口城市。每个地方有自己地方人的地方特点，北方人有北方人的优势，南方人有南方人的特长，互相尊重学习就好了。

文盛堂
　　区分上海人与非上海人是计划经济的产物。我上小学的时候，班主任的家在农村，只有寒暑放假才回家。你说他是上海人，还是外地人？解放前大部分上海的工人都是只身在上海打拼，十多岁出来当学徒，成人后挣钱养活外地的家人，上海话叫作学生意。就像广东人下南洋，福建人来美国开饭馆一样，没有户口的限制，哪有这么多的地域歧视？

螳螂
　　看一下中国名人的发展及经历。许多人都有在上海生活和发展的经历。

侯爷
　　看到有这样讲上海的人，侬理解了阿拉上海人，各种地方有各种地方人的优点，不过做人要实在，勿要特别宣传。

一鸣
　　我是上海人，我认为中国任何地方的人都有他们的优点，只是希望国人不管在国内还是国外,到任何地方不要给中国人丢脸。

残月如梦
  你是上海人吧?

自由
  这就是上海人不断培练自我修养、文化素质提升的结果,应该给予点赞![强]

lang
  我是在上海工作生活52年的外地人,我认为作者比较客观和客气地评论了上海人。上海也有一些的确素质低的人,但不代表上海人全体。上世纪70年代出差北京,老师告诉我不要说上海话、讲上海来的。90年代出差北京,一个出租车司机说喜欢上海乘客,守规矩。

舒老师
  到全世界各地,到港澳台地区,只要说是上海人,马上肃然起敬,热情赞赏。上海人就是高素质的象征!港澳台同胞鄙视的是其他地方素质低下的人!

灵凤
  应该是这样的。可是现在我们这些要求有点远,希望通过这样的学习逐步做到这些要求或标准!

yuhao
  居然有人留言"上海中心不是上海人造的,上海人只是享受成果",那请问长城、天安门、广州的小蛮腰、其他城市的所有建筑都是当地人造的?!我告诉你,上海人不用自己动手搭脚手架、搬砖头,他们会设计图,会操控计算机，会监督整栋大楼的质量进程。上海中心是给全国乃至世界各国的精英公司提供最先进的办公场所。马未都不是上海人，但他的观复博物馆就在上海中心37楼，如果留言者有机会来上海，不妨去看一下。

陈根权

张老师说得真是太精辟了！基本上概括了上海人所存在的优缺点。这篇文章或可让大家对上海人的印象略有改变，仅如此也不枉张老师一片苦心了。谢谢！

笑爷

上海人精明！

Law

在上海生活了四五年，低素质上海人是有的，但素质高的上海人还是占据半壁江山。总的来说，我一点都没感觉到上海人排斥我这个来自广东深圳的小姑娘，上海人还是蛮不错的。特别是教育孩子方面，送出国留学很值得大家去学习，并非出国有面，而是可以长见识，父母也舍得送出国。这样的父母在外地很少见。

Maple leaf

说上海不好的人，就是自卑和嫉妒的心理作用使然！没有摆正自己的心态。

Joe 黄

上海人的好有目共睹，干嘛要跟来了几年上海的人去争辩呢？他们上海话都不会说，你怎么能指望他们了解上海吗？

QCM

不想说别的，请记住一句话：我们都是中国人！

足球小将刘治明

上海是全国最平等的城市,没有瞎来来的事情,治安又好,只要你有本事,都能在上海生存,这就是上海能够吸引那么多人来的原因吧!

琼涯

说得非常对,我也是外地人,但在上海有一段经历。我非常同意向上海学习,他们男女比较平等,老婆女儿地位比较高,生活比较讲究精致,做事认真比较讲理。应该向他们学习,努力提高自己修养,做一个有素质公民。

胡图图

说上海不好的,就离开,上海不挽留;认可上海的我们就一起努力,建设上海的同时,你也建设了自己的小家。上海的本地文化,请你们尊重,你们不可以喧宾夺主。上海人说上海话,你们想融入就学,你们说普通话,但你们文明、得体,我们同样会叫你们新上海人。谩骂上海是自卑的表现,对自己的成长和进步是没用的。上海的优势和文明不会因某些人的看法而改变。不要将家乡的陋习带过来,上海人是看不惯的,因为你身在上海,你会影响上海的形象。上海人有很强荣誉感,每个上海人都有权捍卫。

乌颖华

我就是上海人。

刘小咪

其实对我们上海人来说,外地人说我们好不好都无所谓。你们觉得不好走就是了,何必还要拼了命地往上海挤,搞得我们这里人满为患。典型的嘴上不承认,身体可老实了。

Marlboroxu

　　文章写得不错,作为真正的优秀的上海人,不参与无聊的斗嘴。[微笑]

殊胜

　　你可以夸上海人的优点,但是你不能说北方人野蛮;你可以有大都市的优越感,但是你不能贬低外地人。总结:上海占的是地理优势,没这,你什么都不是!

shfm

　　小时候上世纪七八十年代吧,家里用的收音机、电视机等,大小用电器都是上海生产,质量非常好,很耐用,乡村里的老公公婆婆都说上海人放个屁都是香的。词糙理不糙,就是说上海人生产的东西质量常好,很想念那时候的情怀。

violinjkn

　　此地无银三百两,上海已经今非昔比,与时俱进。

洪仲华

　　此文《上海人的优点》实事求是地表达了上海人的身上所具有的时代风范!我这里讲的不仅仅是从我国的角度讲,而是从整个世界范围上来讲也不为过。去过欧、美、非洲,及我国围边国家的朋友都知道,这些国外人士能有上海人这么勤劳吗?他们能有上海人这么睿智吗?他们的胸怀能有上海人这样大气吗?从国内来讲,在上世纪90年代当整个上海的证券交易所比马路上米店还要多的时候,我在北京乘着小车一路找了一个小时都找不到一家交易所,这充分表明上海人的经济、金融意识领先于我国其他地区。在高科技方面,上海相关研究院所在航空、航天的研制与发射的成功率可以讲是100%,这在其他省份是不可相比的。在对国家贡献上,每年的财政贡献,如按人口比较更是相差甚远。从小的来讲,上海人聪明、睿智。由于受教育程度高,个人素质明显高于我国其他地区。况且上海人大气的程度,有的外地人到了不可理解的程度,他们总是用狭隘的理念来衡量他人的作为,如上海人在贸易谈判过程中为了公司及个人利益据理力争,他们认为你们上海人小气、斤斤计较,等等。另外上海人的文明程度,我可以举100个例子讲,(因工作原因40年在全国各地)在全国也是首屈一指的。总之,上海人乃是我国最优秀的地域人群之一,这点是不容置疑的!

劲跃

上海人尊重女性(怕老婆)比例高,上海地区阴雨天气比例也在上升。

hyz

确实上海人做事做人讲规则,我单位现在很多是外来的大学生、硕士生,很多人有学历、有素养,能融入上海的生活,但也有学历高而素质低的,不讲信用,不断地许诺,没有兑现的,抢晚辈的成果和名与利,嫉妒猜忌,我以为是家教的问题,这些是我们上海人所不齿的。我写这些只是希望到上海的新上海人,要学会包容与融入,摒弃陋习,传承上海的好习惯。

郑亚苏

上海人很实在,两个上海本地孩子结婚后,孩子跟谁姓,比较的是实力,谁家房子多,实力强,就跟谁姓。我听了后非常非常疑惑不解!但是,上海本地人却觉得这样才是公平的!

K.Y.O

我想说的是,觉得上海人这个丑陋、不包容,那个被外国人看不起的,那就请你远离上海并且以后都不要踏进上海即可。就像你们看不惯上海人一样,我们上海人也更看不惯你们这种人。真搞不懂,如此简单的事情有什么必要纠结。

徐育能

没写到重心啊,我们魔都人最大特点是:你骂你的,我过我的。毕竟,嘴皮子推动不了经济,抬高不了生活质量。[龇牙]

火烧火燎

上海海纳百川,需要人才,欢迎有志之士,也希望能带动一部分人一起进步,共享繁荣。恶言相向不能改变事实,取长补短才是真理。

珊珊伊人

我觉得上海人很好啊。我是山东人,在上海也有好多姐妹们,她们都对我很好,我喜欢上海。

云丰

作者对上海人的评价很客观也很到位。我是一个上海人,我认为上海是有那种气量狭窄、看不起外地人的上海人,也有那种贪图小利、做事不踏实勤奋的上海人,但上海人的总体素质较高却是不争的事实。经常见有在部队当过兵的人士写文章回忆部队生活,常常有这样的情景描写:部队的领导都喜欢要上海兵,因为上海兵文化程度高,脑子活络,接受能力强,这也从一个侧面反映了上海人的整体素质。说到上海人的排外,确有少部分人有这种心态,但是在改革开放前的几十年,中央财政的六分之一靠上海提供,造成上海城市建设停滞不前,由此带来的结果给相当部分上海人心理留下阴影。另外,我因工作曾派驻北京三年,感受到个别北京人的不重信用,答应的房屋租期可以用不是理由的理由变卦。还有,城市管理短板比比皆是,使我感到,城市管理的水平上海还是领先的,我想,管理的主体力量毕竟还是上海人吧。

东方鸿烈

上海人一大特点——嘴里从来不认错。即便是错了,也会说:是的呀,个么……好咪。

Jax

有点意思！的确被外地朋友称赞过不像上海人……上海是全国的上海，世界的上海，我们也有很多缺点和不够，希望大家一起互相激励，让中国人被世界尊敬！

小毛

我老公是上海人，有这方面的优点。

林祖义

上海人是高素质、有品位、有修养的人多！

秋趣

作为一个老上海，为上海居然真的能听不到一丝鞭炮声而感动。曾经觉得，这是我这辈子都不能看到的，没想到安静的上海就这样来到我们的真实生活里。当然，这包括了所有生活在这片土地上的人们付出的努力！我爱上海！

紫樱

所有生活在上海的人都应该努力成为一个值得骄傲的上海人！

angel

我是外地人在上海工作，作者的观点基本都同意。在上海感觉最深是工作生活的任何事都不用找关系，按规矩办就行。上海能让努力奋斗的草根们过上稍有尊严的生活。上海的同事们人际关系简单，基本都按原则办事。由于本地人住房多，他们生活水平普遍高，经常出国旅游，眼界也比较开阔，我喜欢上海的同事。当然，外地的同事们受海派文化熏陶，或多或少地都有上海本地人的影子，都很好相处。

尚木

讲究一分为二。

jinyeye

什么是上海人？凡是认可上海文化的就是上海人。不论是本地人、外地人；不论是先进的还是后来者，无论他说何种语言，上海本来就是一个移民城市。判断在上海一个人是否像上海人并非根据户籍，而是行为举止。如上述第一张照片（编者注：微信文章原有配图），老上海人一看就知道是非上海人所摄。因为，如此时髦的女士竟然横穿马路，不走横道线。你知道上海人会怎么批评他吗？"你这个乡下人。"因为，只有在以前的农村是没有红绿灯，没有上街沿（人行道）概念的。再如，随地吐痰、便地大小便等行为，哪怕是本地户籍，也不被认可，被称为"乡下人"。此处并无骂人的意义，因为，在以前的农村是个正常行为，现在在边远地区还是如此。但在上海渐渐有了贬义，并在很长时期内被法规所不容，会被罚款。反之，一个人行为举止文明礼貌，衣着整洁，就是打了补丁也无所谓，还是会被认为是上海人。外来人员能否融入上海，主要还是看他对上海文化及规矩的认可。我反对地域论，每个地域都有长短，多辩无益，但一方水土养一方人，若你想成为上海人，或者想被认为是上海人，请接受上海文化的洗礼。

Jingwen

日本人对上海人印象较好。我曾经遇见一位搞IT的日本友人他说Shanghainese are different from Chinese，话里有话。

辣斐德路，钧

作者您好，谢谢好文章。解放前，爷爷外公辈是十几岁从宁波、镇江到上海，父母辈也都是出生在上海，深受上海文化的影响，浸染在上海城市良好环境、文明氛围中。到我儿子已经第四代了。有一次一个巴基斯坦人问我是不是香港人？我笑了，我是正宗的上海人。到东南亚、欧洲、日本……人家问我哪里人？我只回答：上海人！

大米

我是在上海工作的外地人，上海人工作的认真细心是其他城市所没有的。参加工作之前到上海游玩,得到过好多陌生上海人的帮助,工作之后遇到的很多上海人,对人友善、热心。感谢上海人给予过的暖心帮助。

网巢刘士琦

据马云口述:去年二月份情人节网上鲜花消费量上海居全国首位,上海充分体现浪漫之都。而避孕套消量温州排名第一,体现实用主义意识较强。

快乐王

上海人精明、小气、自私、胆小是绝对的。如果你在上海碰一些做生意的外地人,比如安徽、河南人一提到上海本地人,都会把头摇成拨浪鼓样,他佩服的是浙江杭州人、温州人。

如意金箍棒

上海跟日本真相似啊。[强]还有韩国。

笑看人生

你讲上海人的优点归纳 12 点,别人可以数出缺点 24 点。仁者见仁,智者见智。这种归纳比较有何意义?

周家麒

上海、上海人都是可敬的。早就有"上海老大哥"的称号。

庄鑫胜千

绝大部分观点我是赞同的。但是看留言貌似有一个印象:一说到上海人的缺点,就有人跟你急,或者表示既然你认为上海人不好你为什么不离开? 其实认为上海人不好和愿意留在上海完全是两个概念。另外"上海人"这个词汇的含义也是需要界定一下的。最后再重复一下其中绝大部分观点我还是真心认同的。

凌红
　　做上海人的,骄傲哦。[可爱]

陈富发
　　我的纽约邻居和交流圈子中很多是欧裔、非裔知识阶层,当他们听说我是来自上海时,表现得都很热情和亲切,谈话中时而会对上海人的认真、守信、勤奋表示欣赏。

拿铁咖啡
　　上海人为了外地人的融入,积极响应当时的徐匡迪市长号召全市"海纳百川"市民学说普通话,廿多年来上海"80后"以后的孩子说上海话似乎都走调或不会说了,难道还说上海人小气,歧视外地人吗?

Monday-Green
　　写得很棒,人不是完美的,除却地理偏见,我们不都是人类吗?

杨金祥
　　作者将原本公认的上海人的缺点描述成了优点,是因站的角度不同,出发点不同,并不意味着上海人原本缺点的消失。各地人肯定有其独特鲜明的优缺点,这是历史的积淀,否则各个城市的人都如同一个家庭里的成员一样个性不鲜明,都很相似,这不客观,况且,就是双胞胎还有兴趣爱好的差别呢。

周鸿德
　　我们这里很多人对上海人的评论是:看自己一朵花,看别人豆腐渣。家里共有三百元钱,身上穿了二百八。宁要浦西一张床,不要浦东一栋房。上海人的优越感太强,上海以外的人都是乡下人。上海人太精明，从不会吃亏。不论过去还是现在，上海的成功人士绝大多数是外地移民。上海人死要面子活受罪。

小芬
好多一把手是浙江人。

阿培
上海人已经被整得像犹太人一样了！搞不懂为什么要有这么深的嫉妒与嘲讽。愚昧不屑文明！

张主任旅行社130—
各个地方的人既有其优点，也有其缺点，正确的做法是互相学习对方的优点，克服自己的缺点。那种认为自己十全十美，从不反省自身缺点，无视别人优点，只盯着别人缺点的作派，最令人讨厌！

文心雕龙
作者的文章十分了得，客观、公正，分析有理有据有说服力，这是迄今为止评论上海人的最高质量的一篇。我很崇敬，有见地，角度准确、恰如其分、不俗不媚，这是一篇高水平的好文章。我喜欢，真心点赞！

张嘉生
上海是全国优秀的城市。

春暖花开
上海纯农村的都瞧不起外地人，一开口就是"你们乡下人"。

萍水相逢
作者的分析很客观！赞成！

程顺田

　　上海人太多的优点我说不清,我只说我自己发现的优点。我刚到上海时,上海人的小气、斤斤计较是我极度看不惯的,[抓狂]经过一段不长的时间后我改变了看法,上海人的小气体现在工作上就是一丝不苟,他们的斤斤计较在工作上就是精益求精,就这一点,东北哥们儿的仗义和山东大汉的豪爽是比不了的。说明一下,本人是山东人。

包

　　不是不想违禁,是根本买不到。

刘刚—C'est la Vie!

　　其实无论以前老的新上海人还是现在的新上海人,当您真正地做到融入上海、了解上海,您也就是上海人。上海欢迎您——来自一个上海人的心声。[微笑]

层林迭翠

　　一方水土养一方人,中国人多地大物博,各地风土人情不同,无论你是哪儿的人,做人要相互尊重和包容,无论天南地北,我们都是中国人。

凤尾竹

　　看了这么多的评论,唉!上海人的文明、时尚、高等……总之,只有他们才是高等人。全国各地的(外地)人都是野蛮人,甚至是"人渣"。这就是让全国大多数人都瞧不起的、不愿意结交的原因。

Vivienne. Wei

　　哪里人都分三六九等,上海也是。你处在什么地位就遇见什么样的人。

胖子的期待

上海人说上海人好,可以理解的!如果外地人说上海好那才是真的!作者是不是上海人呢?[龇牙]

赵翀

上海是一个海纳百川的城市,无论你是老上海人,还是新上海人、未来的上海人,还是上海的过客,请不要使用过激的文字语言,社会环境造就人,也是不争的事实。什么是海纳百川?大家在相处交往中,都在不断地完善与升华自己,这也是大家耳闻目睹的,人无完人,只要有进取心,就可圈可点。打压、鄙视、排他都不可取。要学会包容、理解、友善。切记!你的一言一行是你素质的诠释与体现。恶语伤人不可取。

乐剑菁 yue yue

我是土生土长的上海人,我并没有将外省市人称为"乡下人"。居住在城市里的人就是城里人,农村种田的农民称为乡下人。用词并没有褒、贬之意。总之,各地都有好人与坏人,良民与刁民。

北方来客

上海人由于吝啬、矫情、自私,没牺牲和结盟精神难担重任。那些无限制矫情的上海女人逼迫得上海男人雄性荷尔蒙严重退化,最后完全丧失了男性雄风和斗志。如果中国都是这样娘炮,男人太可怕了。

静静雯雯

今年春节禁放鞭炮,上海听不到一声鞭炮响,在这么大的都市里,上海人做到,不得不佩服。

木子

评价一个人或者一群人,客观、不带一丝个人恩怨是第一的,更要着眼于别人的闪光点,这也是必须的。人无完人,他骄傲自有骄傲的道理,心胸宽广才能和睦相处。我赞成作者的观点。

Ethan 君不是益生菌

骂上海的人指责的点无非鸡毛蒜皮,其实是放到哪里都有的现象,有谁敢说自己家乡的都是圣人呢?面对那些指责,我默默打开了《案件聚焦》。

林德

取长补短,去伪存真。

Emma-D

哈哈哈,评论简直笑死了!那些嘴上讨厌上海的,希望你们永远别来上海,乖,争口气~

Vincent

作为一个北方人,我来说两句。我从高中时候来到上海学习生活,一转眼已经13年之久了,我切身的体会如下:刚到上海的时候我确实非常担心上海的排外和被人瞧不起,但是来了以后我发现我的担心确实多余,我的朋友们对我的尊重以至于我很长时间都没有学会上海话,因为他们相互聊天的时候用上海话,一旦我出现就立刻改用了普通话表示一种尊重。偶然机会我跟我的同学们聊天谈到了传言中"上海排外现象",一个女孩子的回答我现在始终记得深刻并十分认可。她简明扼要说道:"其实上海人并不是排斥外地人,而是排斥有些外地人的不文明行为和低素质现象。"话落我深表认可,因为我作为一个土生土长的北方人,只要做事做人很"上路",在上海依然可以获得自己应得的尊重和享受在家乡一样的友情和爱情,所以关于排外,我希望各方朋友先自省,然后再发表评论,我们被排斥的是否是我们的某些行为,而非我们自己。[憨笑]

滕惠英

上海人做事认真、守规矩,这是有目共睹的,值得称赞。但上海人与人交往的方式不如北方人热情,作者是南方人可能觉得上海最好,我是北方人更喜欢北京的人文环境,包容大度。

真实不虚

女儿的工作是 HR,尽管领导不是上海人,但招聘要求需招上海本地人,因为"310"的人,确实有灵气,能沟通。

林千里

向上海人学习、致敬!

小打小闹(朱建汉)

你先查查资料,看看别的城市面积和经济发展指标,再发那个排序。我估计你没仔细查,其他不议,没必要。

超然

上海男人懂得体贴。

素豪

就因为不放爆竹?[疑问][晕][偷笑]

hong

上海人文明优雅,讲究礼仪,绅士和淑女风度。不愿随便出口伤人,更不会捋起袖子就使蛮力。向上海人学习。

zap

文章处处透着媚!

黄光辉〈光辉农庄〉

现在的上海已不是上海人的上海了。所有的规矩都是一样的,请不要贴金。

孙宗伟

是不是上海的外来人口中没有浙江人,不过我知道浙江的外来人口中几乎没有上海人。[偷笑]

言杼

其他评论也就算了,不喜欢上海人的人可以不来上海,可是有位说喜欢上海不喜欢上海人,那跟你喜欢人家的房子就要赶主人走你自己住下有什么区别?我也是呵呵了。

李国宝

上海是一座海纳百川的城市,每个人都可以施展自己的才华。

桑子/上海

[微笑]我一直因我是上海人而自信!

Jason

这些都是做人的本分,谈不上上海人独有的。全国各地都有这样的人、这样的家庭。

项目

我是土生土长的上海人,去年跟浙江团去台湾旅游,团里都是上海周边城市的人,到了台湾当地导游问"你们哪个城市的人",大家都异口同声地说"我们是上海人",我蒙了……

你不懂的痛!

也不会有人说上海不好,不过呢哪个地方都会有好人有坏人。也不能说上海人都是好人,但是好多也真的不少,我来上海没多久也就几个月就认识一个上海人,对我们真的很好。这个社会我还是比较相信好人多的。[微笑]

徐海萍
　　[玫瑰]

猫
　　其实江浙人大多都具有这些素质。这并不是上海人独有的优点。

艾枫
　　旅游途中,上海同胞哇啦哇啦大声说笑,让人很讨厌。

肖楠
　　写得不错。真实!!

雄鹰
　　有些上海人那种傲慢和自我感觉良好的态度,亟待克服、改掉。上海不是上海人的上海,是全国人民、是全球的上海,包容和海纳百川,你才能与百姓同行,否则,你会被淘汰。

心园电子
　　其实上海人不宽容。不宽容是好事,是认真、守规则,是爱憎分明。

如意
　　对你的第十点有看法。你是上海人吗?你在上海生活了几年?

老老宋
　　上海人的优点,仅仅通用于一部分上海人!而这一部分上海人的优点，更适用于全国各个大城市里生活的优秀市民。请相信，大多数人对上海的优秀是从来都没有偏见的。

妮称华华

讲得实在。

RayL

那些鼓吹建设上海的并非上海本地人的，你们说得对，参与建设上海的有许许多多都并非上海本地人，那对于现在的上海是一个国际化大都市并且无论从经济或者文化上处于全国领先水平这一点没异议吧？那在这样的一个城市居住的人，是不是有更大几率拥有更宽阔的眼界和更高的素质呢？作为一个上海人，我讲道理。

贵玲

我是和上海人打交道比较多的东北人，最初不习惯，时间长了你会发现他们的小气、矫情……却成为你想和上海人长期合作下去的理由。

徐敏

读了《上海人的优点》一文，深感自豪，又深感自己对社会贡献太少。自豪的是作为中国人，作为上海人，都很光彩。上海一直都是国际大都市，历经百余年而不衰败是有原因的。原因之一就是上海人的整体素质配得上国际大都市的光环。作为中国人，作为上海人，最值得自豪的是有能力改变中国几百年落后命运的中国共产党诞生在上海！是上海成为14年抵抗日本法西斯恶魔侵略的最激烈最顽强的堡垒之一！是上海成为世界上最大胸怀接纳犹太难民的东方明珠！更值得自豪的是近几十年上海和中国大多数城市一样，城市面貌翻天覆地大变样，现代化的程度超过了许多号称民主的发达国家的大城市！最值得自豪的是在国际恶劣的经济环境中，中国老百姓居然能实现老有所养、老有所依，这是几千年来中国老百姓做梦也想不到的！自豪之余，想想自己为上海、为国家出了多少力？能对得起子孙后代吗？中国还有一些人没有脱贫,我应该为他们做点什么有益的事情？我能不能再节约一点？上海人的优点,中国人的优点,我还有哪些欠缺？努力改变自己,让自己的人生价值更充实、更高尚,这就是我读了这篇好文章的一个收获。

香水百合

一个人的好坏只能代表他（她）自己,一群人的好坏代表这个城市的整体素质。[微笑]

Army 石头

人性就是这样的,对别人的缺点错误异常敏感,非常容易记住！

Cathy JG

本人是在美国留学的上海人。每当美国同学问我是什么地方的,我说上海他们都知道。还会说:"哇,是不是那个世界第一高的大楼就在上海？"我每次都为此自豪。关于浙江,很多美国人都不知道的。美国人只知道中国的北京和上海。

榕儿

其实,近十年来,上海人一直都在进步,尤其是在改革开放后,他们懂礼貌讲文明,一直走在全国各地的前面。而且上海是全国最干净的城市之一。谢谢！

玛利亚

上海人活得精致、洒脱,能屈能伸是上海人的最大长处。50年前由于当时的需要,所有赶上"下乡"的对象,无论你出生有多高贵,到了农村照样能和当地老乡吃住在一起,身上的娇气和小资情调全部收起来,但回到上海依然不失上海应有的气质。

奚留

上海人也许没文章描写得这么好,但绝对没有流言传得那么坏。

YQ

哈哈,知人之长,学人之长即可。上海人有优点,更有缺点。你想要学什么?

佳柯盛

据说如今的上海中心地带只有讲英日德法等各种外国语的人群,市区是讲国语和各类方言的人群,上海话只有在郊区才能听到,不知是否属实?

芳

谁说嫁上海人之后不用做家务了?

HITer

俗话说,物质基础决定上层建筑,开埠、租界、建国后的国家政策,决定了上海的经济地位,进而决定了上海文明城市的高度。哪有什么野蛮与非野蛮之分,只不过是在文明这条道路上走得快一点与慢一点的差异而已。所处的环境会影响一个人的价值观,上海作为全国乃至世界的大城市,在上海的每一位从业者有义务去维护、去创造,让它变得更好。走在前面的,不能固步自封,应当包容与大度,不断自省让自己变得更好;走在后面的,更不能妄自菲薄,一味去抱怨,而应当努力去追赶。作为一个来上海打工的小伙,自信与不自信,认同与不认同,不是取决于别人的眼光,而是取决于自己的努力,努力做好自己,自然会赢得别人尊重。PS:作者文中外地人眼中的上海人,估计也跟各种泡沫剧中"神级"的丈母娘有关,有些作品灵感来源于市井,但也不能以偏概全地打上那就是上海人的标签,至少,我周围的上海同事们大多数都挺好。

小朱

我在上海针织九厂生活工作了五年多,公司的师傅、同事、领导对我都很好,我很想念他们,我叫朱伟光。

莲花

王婆卖瓜,自卖自夸!

郑英旻

武汉人也把武汉以外的人包括北京人、上海人叫乡下人。[偷笑]

姜萍

优点+优秀。

栾新平

上海的外地人包容!

悔不当初

上海男人确实完美,女人精致,最起码没听过或看过打老婆的。我在上海打工十余载,感觉心情很好。回来嫁人,如入地狱,大男子,爱打人,有理讲不通,离婚行不通(孩子会更惨)。一个字,痛!一个字,忍!

月亮宝石

怎么说都会有不同意见……因为所处的圈子不同。在医院你看到最多的是病人,在学校你看到最多的是学生……

婕婕

作者说得不错啊,不过我觉得我们上海人还是挺可悲的。包容性,不包容能怎么办?已经把我们原始的意念磨灭了,不过我相信内心是

另一种声音。[微笑]

柯楠
　　一次去上海出差,和闺蜜(闺蜜为上海人但从小在太原长大)会面,闺蜜带我去吃早点,太多年没见了,我有点放不开,吃了一半的水煎包,不好意思再吃了,她老公(土生土长上海男)来了,见状把剩下的水煎包一口气都吃了,那是我第一次面对面感受上海男人。[龇牙]

姥姥
　　这样的定义未免有狭隘之嫌,不同地域有不同文化及其特色和创造的辉煌业绩!只是上海有它的地理和历史及国家给予政策等优势而发展得快而优!人都是一样的,没有地域而造成的优劣!拙见而已!没贬之意!

王琪君
　　政策好很关键,开始国家扶持深圳的,后来偏重上海了,上海就成为金融中心(当然由于她的历史地理文化等原因)。个人认为上海人歧视外地人是全国最严重的,是"很多",而不是"个别素质差的",只不过素质高的不表露而已。喜欢上海这个城市,喜欢上海人的优点,但不喜欢上海人的偏见和歧视。

傅老师
　　我赞同以上所列举的优点。

Joyce 颜淑宜
　　咱娘的上海亲戚可是又八卦,又爱串门子,又没礼貌⋯⋯在我眼中可是没有一项上述的优点喔。

王志备
　　说得一点都不错,到哪里都没人喜欢不讲道理不文明的人!

我还是我

上海人是世界人的体现。

弥生

今年在禁区放鞭炮是要被刑拘的,大年夜晚上还到处都是警察叔叔,想进局子的人才会脑子抽风去以身试法吧。[冷汗]

兰子

我来香港30年,接触到的上海人,好的屈指可数,有的甚至是"垃圾渣"。

zhwzbj

哈哈,到站了,下车前把座位(老远把人招手叫过来,不管车里有多挤,不一定是熟人,但要看得顺眼)让给一个自己看得顺眼的人。让站在旁边的人,目瞪口呆。下车前,也要安排一下座位,再做一次好人!让座是美德,可你有种不下车就让座啊?都下车了,您还有让座的权力吗?~~~找打的节奏!这个上海阿姨最在行。

小曹

外地人太多了,走掉点,对治安、交通、拍照、就学、房产都好。以前没外地人的时候照样国际大都市。既然那么有本事请回你们老家去吧,别拖累我们。

杨华璞

上海城市管理在全国是一流的。

55808 易居臣信郑 S

说句心里话,我一直说外地人好,连同事、房东们都会问我"你是不是上海人"。上海自有起,可能与大气无关,但是他的精致,他的深邃,他的耐力在我心里无可比拟,除了上海本地大佬们,老一辈从北京、湖南、广东、山东、东北、江浙两省等地云集了精英,还有租界里各国老外们之精英里精英,博采众长,此地非神龙尊地,但在中西合璧、海纳百川等各个意义上毫无逊色于京城!上海这地方上的税也足以证明……对祖国的极致热爱了,爱您祖国,爱您上海,爱北上广深。

梅姐
对上海人的评论正确,但也有不足之处,应向北京人多学习。

周周
欢迎越来越多高素质的"你们"变成"我们"。

终点
我是土生土长的上海乡下人,读书的时候因为说话口音,老师说我是外地人,不待见我,有些上海市区的还歧视上海郊区的,我就呵呵了。

一支独箭
上海人,很文明、礼貌,我喜欢上海人。

AA 袁雍煜 AA
上海老好了~

许小硬
没看出来上海人有那么好。自己是上海人,自己夸自己吧!

臧钰坤、马亚瑾
谢谢这篇好文章,把上海人分析得如此透彻,我本人深有同感!但如今"90"往后的上海人变化蛮大的,基本上失去了原有的传统,我们这一代人也越来越看不懂他们这一代,这就是时代的变迁而产生的变化!

西洛多杰

世上万物都具有两面性,宇宙也是讲究平衡的,有好就有坏,有阳必有阴。楼主只不过讲了些上海人的优点,这些优点客观上也是事实,某些朋友又何必一定要争得面红耳赤呢?当然上海人中也有许多缺点,但今天的主题是谈优点,如一定要出现反方可以另外再出题就行了。

大圣

这篇文章写得不错,我在北京生活了五年,在齐齐哈尔市生活了两年,加上我当兵四年,和全国各地的人接触很多,我在上海生活了50多年,我的感觉上海人是中国人的新潮流。海纳百川,追求卓越,开明睿智,大气谦和——这就是上海![强]

海俊导演

上海人。

聚奇城万健

上海人胆小,自顾自,活命哲学,学得很好!不像外地人心齐……

毓辉

在淞沪会战中,小日本一百多人赶几十万人回南京;南京大屠杀30万人无一人反抗,这也是优点?

埃文

上海之所以成为国际大都市,传承了公平公正诚信的好传统,特别是包容性!春节我和家人到杭州玩,商店大多都关门,城市的名片出租车少之又少,相反初五我到上海城隍庙去玩,商店饭店九曲桥热闹非凡,一派欢乐气氛,我为自己是上海人感到骄傲开心!

杨杨

我是东北人,在上海居住了14年。我的朋友们都是上海人,因为爱唱歌天天在一起相处了7年了。上海人的优点写得真实,赞可爱的上海人。外地就是落后,向上海学习没错。我爱上海!

Germany

此文实在!感谢分享给我们!

毛笋

上海人是指在上海站住了脚后定居的人群。上海人其实是来自全国各地的打拼群体。问其祖籍都不尽相同。上海这方风水宝地属国际大都市。长安米贵,居大不易。刚来或不适时宜的外来群体,大多讲上海不好也在情理中。俗话说:吃不到的葡萄是酸的。

Lmq

上海人的观念、素养、讲究等都能与国际接轨。[强][玫瑰]

ZL

请问开头那段关于没人放鞭炮的文字是你写的吗?

万宁其

我个人认为上海人最大缺点还是小气、不好客、不好打交道。

王静

讲得有道理。不过上海也有很多不孝顺父母的、啃老的。

陆翠娥

上海人还包容一切,心态不错,让别人背后怎么说,走好自己的路。

秀媛 lin

上海人坐公交车抢座位,不给老人和抱小孩子的让座,这方面与北京差得很远呢!

～医救～

上海人就是顶尖人类。[强]

海天一色

不能以偏概全,什么地方人都有优秀的,也有败类,像我优秀的中华民族照样出汉奸,姚明上海人优秀不优秀?有不满的时候不代表全部,只代表那一个人,不知对否?

周博

守规矩?坐地铁多少不安检的?

黑山

一个湖南人,一篇文,挑起了大家论战。作者是川普式的人物,也像湖南人的性格。

走天涯打天下

哪儿都有好与不好,总之无论哪个城市还是哪个国家。我们不如别人的就要虚心学习,好的优点继续保持下去。虽然我不是上海人,我是东北人,确实多学习别人长处。"活到老学到老"并不是一句空话,虽然我看了大概,不过作者写的内容还是有道理的。好的地方我学习了。谢谢。[咖啡]

x 宝寶

有时候想想真好笑,既然这么讨厌上海和上海人,你们可以不要来啊,没人喊你们来,你们在自己老家待着不挺好?还年年费了老劲要挤那一波春运,这么辛苦做啥啦?还有人说什么上海的大部分有钱人和老板都是外地的,那难道不是说明上海养肥他们的?不然上海这么差他们拿着钱来上海投资干嘛?还要给上海人民付房租,给上海政府公共事业费?造福上海人民?是脑子有问题?哈哈!

x 宝宝

只有自卑的嫉妒上海人的那些人和无法融入上海的人才会谩骂攻击上海人,因为得不到的永远是最好的,吃不到的葡萄是酸的,不是吗?

军萍

我喜欢上海的时尚、前卫、典雅、民国气质,有"东方巴黎"之称,大名鼎鼎的外滩,精美的西洋建筑,老工业基地散发着包容与文明,男人精干,女人精巧,不说大话。我不是上海人,但我喜欢上海。有人说上海的繁荣是全国各地支持的结果,说这种话的人,亏你还是个中国人,不知道就别开口乱说,把牙都笑掉了,没文化真可怕,真让人恶心。

李骆良

自私。

杨杨

上海人的优点,真实。赞!

【CGIST 研究中心】杨军华

这些优点你只有融入上海后才能发现并体会,其实无论哪里人,真正排斥的是不守规矩及没有素质的人,和上海人做生意心里踏实,尽管前期沟通时间比较长。所以果断定居上海。[咖啡]

小丹

到外地看看,就知道啥叫真正的排外了。上海海纳百川值得肯定。

陈

上海人中两极分化也很严重,优秀的确实很优秀,但蹩脚的也不在少数。严峻的现实是,上海现在有许多工作都是外地人在做,譬如送快递、送外卖、城管队员、环卫工人、保姆、医院护工、饭店勤杂工、建筑工地的民工等,都离不开外地人。上海人宁愿吃低保,不工作也不愿意去做这些事情。但哪个大城市离得开这些工种?因此总有一天,上海将是外地人的天下!

香港李宛谕 Winnie

这篇写的是上海。很多中国人的留言都还会手下留情。如果把这篇文章换成了香港,我看你的留言板又翻天了!

作者回复

香港是我很喜欢的城市,可惜我还没有资格写香港人,毕竟不是很了解。也许您可以告诉我香港人的优点。

老彭

我退休后马上就随儿子住在上海度过了 12 个年头,我觉得上面所述的非常符合实际。12 年来我被他们的优良作风和为人处世重新完善了,自己教育和培养后代,现在我孙子无论是学习还是道德行为都非常了得。我感谢上海,更感谢上海人![强][抱拳]

nick

虚荣,导致作者感觉出的优点。

熊小熊

不赞同作者过分定义上海人,有沪籍的人一样有不守规矩的,没有沪籍的也不乏精英,真的没必要过分划分地域,给人套上刻板印象。

Ann Wang

上海男人择偶标准太高,还写了苏北排除。又要人家漂亮、学历高、身材好、家里有钱,人家真的条件这么好也不会找普通人。

笑看人生

第三条最后两句不赞同,列强侵占中难道像上海人一样吗?

哈雪

总结得十分到位～上海是最与时俱进的大都市,优点自然而喻,是进步的体现～

小凌

上海人没什么优点。

叶仙富

上海人,有口味,喝咖啡。

老段

文章写得很好,点赞。作者一定是个细腻的人,在上海人会被熏陶成一个越来越受规矩和细腻的人。国家之所以投入大量的钱在北上广深,肯定是在国家战略上有重点意义的,每个有大量金钱流动的地方一定会聚集大量的中国和世界优秀的商人、学者、艺术家与各种技术者,就像北京、纽约、伦敦与巴黎,他们的整体素质都远高于其他城市,所以也是各个国家里最傲慢的,也是被几十年几百年被殖民最严重的城市。被殖民不光是贬义词,在被教育的过程也是巨大进步的过程,虽然被殖民的父辈痛苦过、反抗过,但是都顺之者昌,所以他们的儿孙会带着被改良的思维习惯和生活习惯,优越于他城人。经济之都是大量上海人建立的,也是大量为上海作贡献的人建设的,忽略了上海人高素质队伍和执行力,上海的繁华会打折扣;忽视了大量"非上海人"的功劳,也是割裂大上海的包容与海纳,是狭隘的上海。上海人的优秀也是中国人优秀的一部分,上海人的缺点也是中国人的缺点,其中也带有大量世界人的优缺点。成功人士也有缺点，否则就是神了，但是要学习他的优点是关键，光看其缺点，那么哪个城市都不完美，就像美国，杀人无数，丧尽天良无尽，但是魅力依旧，大家去美国不是为了杀人当炮灰，是趋其繁荣与奢华，享受生活去的。欲望可能会被诟病，但结果可能是美好的，所以还是希望各个城市人不要羡慕他城，要静下心来建设自己的城市，像上海人一样认真，计较每个贡献，保有一颗奉献而骄傲的心，不愧于生我养我的新旧故乡。

美食家

上海人，最大优点是善良，不会欺老弱病残、恐吓诈骗害人。

fyg

上海人到杭州走亲戚带袋大白兔奶糖，在人家吃住三四天。杭州人到他家门都进不了，更别说请杭州人吃饭，而买单的人还是杭州人！

为什么《上海人的优点》一文能引爆微信圈?

我前天重发了一篇名为《上海人的优点》的旧文,结果在 48 小时内其阅读量就达到了 15 万次,留言超过了 250 条。由于微信限制了留言数量(100 条),我只好给那些不能公布的留言一一回复表示歉意。

为什么这样一个老掉牙的问题能引起如此巨大的反响?我分析,主要有下面几个热点引起了读者的兴趣,并引发了激烈的辩论。

1. 谁才是上海人?

到底哪些人才算是上海人?是古代就来上海定居的、三代以上来上海的、父母是上海出生的、自己是上海出生的,还是外地出生来上海打工的?显然没有统一的标准。

说穿了,上海就是一个移民城市。也就是说,外来人的流入速度超过了本地人的自然增长数。结果,来得早的可能会认为自己更"正宗",而后来的都不如自己。但是,你来得再早,还有比你来得更早的。这样一追溯,只有 700 年前上海建城时的市民后代才算是正宗的上海人了。这样的定义当然会让绝大多数生活在上海的市民反对。

那么,什么是上海人?我认为,你只要在上海生活或者工作,并认同上海的生活方式和理念,你就是上海人。如果你不认同,那么,你在上海生活得再久,永远都只能算是客居上海的外地人。

2. 上海的成就归功于谁?

从文末的留言可以看出,对这个问题有三种不同的观点。第一种认为上海的成就归功于上海人,第二种认为归功于来上海的外地人,第三种认为归功于国家政策的扶持。我认为第一和第二种都有道理,但第三种是站不住脚的。因为1949年到20世纪80年代初的30多年中,上海给国家交的钱远远高于国家给它的投资。

我认为,上海的成就应该是新老上海人共同努力的结果。

3. 上海人歧视外地人吗?

回答这个问题,要从两方面分析。首先,你面对的是哪一类上海人。其次,你自己是哪一类外地人。这样就有四种组合如下(下文说的优秀,指的是能力与素质,不是指金钱):

(1) 你是优秀的外地人,面对不优秀的上海人:他们有可能歧视你,也有可能妒忌你,还有可能巴结你。但我相信,你不会因此受伤吧。比如,一个上海人如果歧视马云,后者会生气吗?

(2) 你是优秀的外地人,面对优秀的上海人:他们与你相互欣赏,互不歧视。

(3) 你是不优秀的外地人,面对不优秀的上海人:他们歧视你。因为他们认为自己的处境是你造成的。你能怪他们吗?还是想办法提高自己的素质吧。

(4) 你是不优秀的外地人,面对优秀的上海人:他们有可能歧视你,但更有可能出现的情况是他们懒得理你,因为他们和你不在一个圈子,或者不在一个层面。

你被歧视,很有可能是你自己不对,或者是你的圈子不对。

4. 如何面对被歧视?

作为一个来自湖南小县城、出生于工人家庭的人,我在广州、上海、北京、英国都生活过,我还去过41个国家,我却从来不觉得自己受到过歧视。当然,我也从来不曾歧视过哪个种族、国家、地区、阶层的人。

为什么我不觉得被歧视?因为我自认为是"精神贵族",即使面对英国女王,我也会不卑不亢。

如果别人因为我的出身、地位、财富而歧视我,那么这样的人不值得我交往。因为在我眼中,他们是没有素质的人。我只和高素质的人交往,为的是保持我的"贵族血统"的纯洁。这有点阿Q精神吧?是的,在精神上,我就喜欢这样自命不凡。

5. 如何不被歧视?

要让自己不被歧视,我认为首先应该从自己做起,而不是要求他人改变对你的眼光。不被歧视的最重要原则只有一条:不影响他人。可以分解成下面几条:

(1) 穿着打扮:得体、干净、协调、大方。作为一个长相、身材明显低于平均水平的人,我尽量用衣装来弥补自己的缺陷。这也是对他人负责,尽量不要给环境添丑。

(2) 言行举止:尽量表现出"绅士风度"。

(3) 人际关系:注意人际关系的边界,不随意越界,不为难他人,不说大话、空话,以诚待人。

(4) 工作事业:兢兢业业,不给上级、下级、同级增加麻烦,有诺必守。

这样一来,认同我、尊敬我的人远远多于歧视我的人。我在国外旅游时,外国人有许多次都以为我是日本人。这是为什么?因为他们从我身上看到了中国人少有的自尊、自律与自爱。这与财富和地位并没有必然联系。

6. 你为什么不自信?

从许多留言中,我能感觉到部分发言者内心的不自信。不自信者最明显的表现是:害怕别人揭自己(或者自己的族群)的短。这里也包括一部分上海人。

我认为,自信最重要的标志有两条:第一,你敢于笑对别人的侮辱,而不会气急败坏去以牙还牙。第二,你敢于揭自己的短,包括嘲笑自己,嘲笑自己的家乡、祖国、种族。

我与英国人接触超过 20 多年,我发现他们的自信是来自骨子里的。他们没有一个人当我的面表扬过自己的家庭、祖先、民族、国家。相反,他们总是表扬中国和中国人。他们还特别喜欢自嘲,包括嘲笑自己的国家领导人。

哪一天,中国人也能做到这一点,我们就是一个精神上的强国了。

哪一天，上海人对来自外地人的谩骂也能一笑置之了，那么，上海就是一个精神贵族的胜地了。

(作于2017年1月30日)

《为什么〈上海人的优点〉一文能引爆微信圈?》的网上留言及作者回复

恩雅 * ˆOˆ *
　　和作者一样,我和外孙女在泰国清迈逛街时,也被当地人认为是日本人,所以觉得我们中国人都得从自我做起,物质丰富了,精神世界也得跟上,多多学习,做一个优秀的中国人。[胜利]
作者回复
　　是的,做一个优秀的中国人。为自己自豪,就是为祖国自豪。

祖儿
　　特地跑过来为你点个赞。

严玉荣
　　移民比例高的城市也好,国家也好,一定是更强大的,它吸收了各地最优秀的人才。作为一个上海人,欢迎各地优秀人才来上海发展,并希望你们认可上海固有的优秀文化,也把各地的一些好的文化、好的精神带过来,融合成新上海文化,一起把上海建成宜居的国际化大都市!
作者回复
　　你说得对。美国是移民国家,就是强国。移民促进交流、发展、思想开放。

杨树
　　我向来认为,民族种族不分高低贵贱,人性应该超越地域界限,这是基本人权和基础认知,世界人、地球人是我们的大同追求。
作者回复
好高大上的口号。[偷笑]只不过,你的梦想目前还难以实现,世界人与地球人大同?先解决一下没有上海户口就不能在上海买房子的问题吧。

海力库
你是优秀的外地人,面对优秀的上海人:他们往往与你相互欣赏,互不歧视。当然也可能少数貌似优秀的上海人,仍然会歧视你,但这样的不算真正优秀的上海人,于是参照上一条。
作者回复
你逻辑很强。另外,如果你优秀,也许就没有那么在乎别人的歧视了。对吗?

梁楚谦
无论哪里的人都有优点和缺点,上海有优点,但上海人的缺点和优点一样明显。
作者回复
上海人的缺点全国人民都知道了,对吧?

AI 阳光(在线)
假设我(外地人)现在到上海工作,如何才能不受到排挤呢?[微笑]
作者回复
把自己变优秀就可以了。如果你优秀到超过上海人,你就可以"歧视"他们了。[偷笑]

建华
为上海城市禁止放鞭炮、保护环境点个赞!为什么各城市不效仿?

［惊讶］
作者回复
　　因为他们没有上海政府的魅力？还是担心市民反对？

小洁
　　作者的评价很客观，我也是在上海生活了20多年的外地人，我喜欢上海人的这种认真、自信。我的所有闺蜜好朋友都是上海人，你会感觉在一起一点都不累，朋友之间都分得很清，我们在一起很轻松。我老公也是上海人，他的厨艺一流，家务我一点都不用做，他把我和女儿宠得很幸福。［龇牙］现在我们已经把上海当自己真正的家，我们也很爱上海。

甜蜜蜜
　　作者这几天没闲着，一个话题讨论了好几天，为这三篇文章点赞！也为作者成为优秀的上海人点赞！

艾德沃
　　见解、评论到位。给个赞。

四号线
　　觉得受歧视绝对是自己的问题，是源于自己内心深处的不自信，自卑与怯弱。我来自全国素质最差的地方，贫困野蛮，但我在上海从没有觉得自己受到了歧视，更没有愤愤不平！我认为上海是一个很包容的城市，如果说人整体素质，我只能认为上海人比北京人稍逊一点。上海以前被称作"东方巴黎"，上海人认为四九后导致上海还倒退一百年。

作者回复
　　北京人看了一定很高兴。［偷笑］

可心可乐

不自信是自己给的,要改变是你自己的价值观和生活态度,怨天尤人无济于事,加强自身修养,提升自我是关键。中国最缺的还是受教育(包括家教),有文化和没文化就是不一样(这和学历无关)!

ibukuroJean

上海的发展靠本地人和早期移民,这些移民大都来自江浙地区,同属一个文化圈,今天东西南北部的打工仔只是来享受成果的,却妄想揽下所有功劳,鸠占鹊巢?全国最需要建设的是打工仔老家,为何打工仔宁愿建设发达的他乡,不愿建设欠发达的家乡?这两个问题我疑惑不解。

作者回复

可能是不认同老家的文化了,出来上海混几年,思想观念变了,所以不想回家了。[偷笑]

木易小月

道理讲得足够清晰,比"上海人"还要"上海人"。[强]

作者回复

正因为我不是上海人,在分析上海人时才不会出现"只见树木,不见森林"的局限,对吗?借此机会让我自吹一下。[偷笑]不过,许多网友已经认为我的观点非常片面了,说明人家比我看得更广阔。

Conan Z

顶!海纳百川不纳垢!

老许

上海人的优点,只有一条:遵纪守法。

作者回复

其他11条都被你否定了?[撇嘴]

Leslie_大雄

在香港待了七八年。上海和香港一样,有着历史悠久的商业传统,所以会讲规矩和守信;也有着狭小城市空间带来的窘迫和生存能力,所以两地人民有一样的优缺点。苏浙沪移民在香港自成一派,因为有钱有文化;香港有的老理发店叫"上海理发店",可见上海两字就是招牌。香港人也是说,认同香港的文化,就是香港人。香港人也排外,可是那有什么关系嘛,很多都是社会底层售货员什么的,他们很辛苦的,大陆游客又经常不懂尊重人呼来喝去,能不生气嘛。

若

上海人的包容度把握得很到位。对于优秀……很欣赏,对于野蛮……嗤之以鼻。上海人的精致高雅就体现在此。特意给作者独特见解一个大写的赞。

piggyboy 朱畴文 CHOUWEN ZHU

我认为,这篇"新"文章,面面俱到地寻求多方平衡,力求主题和内容的 politically correct,因为:(1)原文所列的上海人的优点,确是现代社会发展所需要,但也非"上海人"所独有,需要定义"上海人",即新文的定义,就体现这一点,总体拥有和发挥这些优点,是广义的上海人表现出色,就突破了狭隘的"地方主义",免得被诟病。(2)需要反映出习总在第一届全国文明家庭表彰大会的讲话和春节团拜会上的讲话精神,即注重家庭、家教、家风,其包含的内容,也需要是丰富多彩、百花齐放的,各地必有特色,各地的优点需要互相借鉴、学习,才有利于做到习总所强调的"要重视家庭文明建设,努力使千千万万个家庭成为国家发展、民族进步、社会和谐的重要基点,成为人们梦想启航的地方。要动员社会各界广泛参与家庭文明建设,推动形成爱国爱家、相亲相爱、向上向善、共建共享的社会主义家庭文明新风尚"。anyway,好文!

作者回复

我写文章可没有想到总书记的讲话精神,我可没有这么高的政治

觉悟啊！［调皮］

Jam

动辄以自己为"上海人"而挂在口上来奚落"外地人"的上海人，其实绝大部分是上海最底层的小市民（上海小市民真的不少），因为在大量进入上海而生存下来、甚至过得非常不错的外地人面前，那些底层小市民的自尊无意中被羞辱了，而"上海人"是其最后的、也是自以为最有效的保护壳和反击手段。其实，有素养的上海人从不把"上海人"作为傲人的资本，即使目睹了许多外地人的不文明行为，也只是腹诽，并且尽可能地扮以"身教"。我这样说，别以为我是外地人，我是地地道道的上海人，也拥有上海人身上所有的好质量。［龇牙］

陈富发

我的纽约邻居和交流圈子中很多是欧裔、非裔知识阶层，当他们听说我是来自上海时，表现得都很热情和亲切，谈话中时而会对上海人的认真、守规矩、契约精神、勤奋的质量表示欣赏。他们也很明白，上海人是优秀的中国人！（60 分钟前）

作者回复

谢谢点评，不过，我不建议你在 60 分钟前删除。［偷笑］

唯真

只要坐一次上海轻轨（乘客外来人员居多），坐一次东京地铁，我对日本人的包容心就增加了一分！

作者回复

我都坐过，没发现明显的差别呀？

王汝平

自从有了《渴望》里面的王沪生，从此就有妖魔化上海人的文化"病毒"！哪里都有好人坏人！无聊！

作者回复

你是说王沪生无聊？我不了解他。

仲元

羡慕，跑到上海来的理由。嫉妒，与上海人比较的结果。恨，应是恨铁不成钢。真成钢了，这三项都不成立了。

Melody

想补充几点，上海并不只是欢迎优秀的人，上海欢迎每一个遵纪守法、讲文明懂礼貌、融入上海热爱上海的人。还有"乡下人"也并一定是骂人的，上海本地人也都自嘲自己是"乡下人"。感谢博主的客观评价，其实说穿了很多优点并不能算优点，只是一些做人做事起码的道德，当然上海人的缺点肯定也不少，但在很多三观不正、内心龌龊的被洗脑式的人看来，博主的文章又会让他们觉得上海人哪儿来的优越感，产生往上数几代都不是上海人之类的可笑言论。

刘中

在上海越久，越感觉到上海整体素质高。我觉得不仅仅是土生土长的上海人的传承，还有越来越多高素质的新上海人不断融入、添砖加瓦，保持了上海 Vs 野蛮地区的相对优势。

陆锦萍

张老师的文章还是把上海人的特点写得蛮客观的。上海的城市有其独特的文化，对于外来的先进风尚接受度较高，上海人的总体素质也是好的，所以能够吸引国内外人士来后居住若干年都不舍离开，这就是上海这个城市的魅力，所以不要用自卑嫉妒之心专挑少数人的缺点，来诋毁否定这个城市及人民的优点。

滴水湖

公共场所一群人，不用开口说话大家一眼就能看出高雅人与粗卑人;来自五湖四海的市民百姓,不经意间大家马上能分辨出上海人与外地人,这就是文化与修养不经意间自然的流露。其实有些人嘴上贬低上海人,心里直埋怨自己不是上海人,这些自然而然的想法本身就已经说明了人的文化价值取向,这些人如果把嫉妒埋怨甚至于仇视化为学习提高自己素养的动力,上海这座移民城市决不会排挤任何外来移民,哪怕你以后不一定在上海生活也一定是一个受大家欢迎的人。何况有那么多的外地人提升了自己的文化素质、生存技能成为了新上海人,如果再重回过去的生活他们会同意吗?还会贬低上海这座城市,贬低上海人吗?

晓欢

在还没有来上海读书之前,很多人对我说:上海人排外歧视外地人。直到我去年来上海读书后才知道,并不都是这样的。觉得人首先得自己看得起自己,看人长处并善于学习,不断地充实完善自己。[微笑]

欢欢玻璃心

看了那么多的留言,我也想说一句!知青下乡十几年后全国只有上海面对这些人的子女落实了政策!上海把那些年代背井离乡的后代接纳回到家乡!把上世纪60年代初支持新疆和支青支内为国家作出贡献的老人们接回家!这在全国绝无仅有!想想吧,上海的忍耐和宽容哪个地方政府做到了?

作者回复

这点我倒没有注意,但的确是真的。

AA 袁雍煜 AA

还真是……

AA 袁雍煜 AA

是不是写什么留言都能进精选留言…

作者回复

　　需要我将普通留言放入精选留言才能显示给所有人,但一篇文章限 100 条精选留言。

AA 袁雍煜 AA

　　是的呀为什么为什么为什么?

Athena

　　要看你面对的是哪类上海人的分析太经典。[强]

作者回复

　　你能不能拆分一下这个句子?[偷笑]

张英

　　上海人一到什么鬼节,就要画个圈烧上一堆纸,在居民门口一排排的,这一行为的迷信活动,显出上海人的愚昧。如果上海人走出了这个愚昧的信仰,上海更加文明。

老老宋

　　上海,中国最具包容性大城市。关于上海人的定义,真的是五花八门。三代甚至三代以上祖籍是上海的人,认为自己是正宗的上海人。还有祖籍浙江、江苏、安徽、山东早年到上海的人,也认为自己的祖上早年到上海生活了近百年,几乎就是上海最早的开拓者,理所当然的上海人。这两种情况的上海人,基本上构成了老上海人的生活圈子。当然,最广义的上海人的定义,肯定包括所有在上海居住和工作的外来人员。所以,如何看待上海人的优点才引起广泛关注。本人认为,无论上海人和外地人,优秀的人的优点总是共同的,适用于相应的市民群体。《上海人的优点》《湖南人的优点》和《东北人的优点》,是否有些笼统或以偏概全,值得商榷。其实,优秀的人从来不受地域或环境的限制。

作者回复

　　是的,优秀的人是共通的,不管是哪里人。

赖瑞吴

我是认真地看了您的每一条客观、理性的回复,才决定关注您的个人公众号。继续保持这种风格吧,加油![微笑]

作者回复

为了对得起你的评价,我只好又给《上海人的优点》一文中的留言增加了许多回复……

Army 石头

就冲春节禁放鞭炮,就应该为上海人点赞!自古上海就是一个移民城市,最早是从清末湖州、苏州的丝绸大商逃到上海租界。

钱克健

我很赞同张老师的观点,理性客观分析了上海人与外地人的性格及城市特质。任何地方都有素质高低的群体,人群就是这样构成的。但作为一种城市精神,且被大多数人认同,这样的城市及生活在这里的人就有了一种独特的气质。上海人往往用这种精神担当了建国后经济老大的责任,促成了世博会的成功,创造了连续两年零燃放烟花爆竹的奇迹。你可以说上海仍存在不少缺陷,但相信上海人还会坚持责任、担当、诚信、认真、自信,以及海纳百川的胸怀,将上海追求卓越的城市精神发扬光大,将内涵更丰富的城市精神提升得更高。

作者回复

这几天,我收到了不少反对我的观点的点评,还有一些是对我的观点破口大骂的。我感觉到那些人其实并不真正了解上海。如果在上海生活一段时间,起码要一年以上,有一份体面的工作,我相信他们会认同我的观点。当然,如果自身素质太差,我相信,到哪里都会被人歧视,这并不一定是上海人的错。

荣

上海人的礼貌、含蓄、低调、委婉、信用,有文化,有艺术眼光,欣赏

水平高雅，等等，集于一身。我骄傲我是上海人，谢谢爷叔推荐的好文章。［强］

作者回复

我发表了这篇文章后，也成了众矢之的，许多人认为我是为了讨好上海人才这样写的，批评的留言不少，有的还言辞激烈，认为我是"汉奸""洋奴"的都有。其实，我可以接受具体的、有理有据的批评，但泛泛的指责与带有情绪的谩骂只能说明自身修养还不够。

上海人最大的缺点是什么？

我春节期间发表的《上海人的优点》一文，几天内阅读量就达到了60多万次，留言超过了800条。我真没有想到此文会引起如此热烈的讨论，甚至是激烈的辩论。

留言中不乏反对者。他们认为上海人并没我说的那些优点。相反，他们反复指责上海人的下列三个主要缺点：

（1）歧视外地人；

（2）小气、自私；

（3）男人不豪爽、女人矫情。

但我作为一个曾经在湖南、广州、北京、英国都生活过，并且去过40多个国家，然后在上海工作了20多年后的新上海人，我认为上面的这三条要么根本就不是缺点，要么是任何一个地方经济和文化发展后的必然结果。也许再过30年，全国人民都会有上面三个"缺点"。

我认为，继续纠缠这些所谓缺点，那样的指责既无高度，也无意义。

那么，上海人作为一个群体，是不是有某些比较明显的缺点，是不是有某些方面还要大力改进才能继续在中国的发展中领跑？

我认为答案是肯定的。我还认为我找到了这个答案。

我认为，上海人最大的缺点是创业与创新精神的薄弱，也可以理解为他们的冒险精神与上海所处的经济地位不完全相符，这方面上海人也许还比不上江浙人。

上海人普遍安分守己、兢兢业业、脚踏实地、谨小慎微。这些可以被认为是优点，但它也折射出另一面：一直按常理出牌就会形成相对保守、亦步亦趋的心态，它不利于在经济（这里不谈政治）、文化、学术上取得突破性的成就。

　　总的来说,上海人是很好的员工,但创业的相对比较少(当然也有例外)。我分析其原因可能是:与全国其他地区相比,上海人提早过上了小康的生活。这里社会稳定、安全,医疗教育条件也不错。其结果是,年轻人缺乏创业的动力与激情,更希望找一份安稳的白领工作,而不是破釜沉舟去干一番大事业。

　　好在上海不缺乏外地人与外国人。他们给上海带来了冲击和竞争,多多少少打破了这里的平衡。虽然他们的到来加剧了上海的职业竞争并提高了房价,但也带来了新的思想,当然还有资源。

　　结果是,许多外地人和外国人来到上海开创了自己的事业。他们利用了优质的上海员工(当然也有外地员工),然后取得辉煌的成就。当然,这些成功者的后代也就变成了典型的上海人,同样也就缺乏创业与创新的冲动。

　　那么,在世界范围内,有没有一个地方,在经济发达后,还有强烈的创新与创业冲动?

　　有!这个地方就是以色列。它虽然是一个高度发达的国家,但同时也是全球创新与创业的摇篮。

　　大家是否同意我的分析?我欢迎网友们发表意见,但谢绝毫无根据的指责与谩骂。

(作于 2017 年 1 月 30 日)

《上海人最大的缺点是什么?》的网上留言及作者回复

A 广州阿泽

每个地方都需要灌输一股勇于创新的力量,那是一个民族乃至地方前进力量的基石,太过于墨守成规必然被时代所淘汰,或早或晚。必不可少地需要一大批敢拼敢闯的年轻人去灌输这股力量,这是社会风气的问题,任重而道远。

作者回复

人都倾向于选择舒适,这是天性。所以,如果没有外来的压力,不知道有多少人会主动跳出舒适区。

Angel

光脚的有着更强烈的创造欲望。

作者回复

因为想穿鞋。

谢必安

一将功成万骨枯。创业成功的人很多,创业创死的人更多。对于个体来说,上海的方式少有大成功的,但是对于整个群体来说,上海的方式是成功的。

作者回复

是呀,革命是要命的……

401 文子

创业创新力不足,确实是一大缺点。从罗规互助组来说,交费学习《罗伯特议事规则》的上海人——不管是新上海人还是老上海人——目前没有。这和湖南人、广东人、湖北人、北京人甚至河北人都差别比较大。议事规则就是让大家如何团结在一起进行合作的技术,它是通过开会的形式,让彼此达成共识,以协调大家的行动,促进更高效平等的协作。协作是创新之源,不学习协作技术,当然就没有创新。

shu

圈子问题吧。周围的上海人创业并且成功的很多。

作者回复

也许你说得对。那么,请举几个上海的大企业家的例子吧。我没有这方面的信息。比如中国最大的几个创新公司,有多少是上海人创造的。

祖儿

客观。

Colin 小顾

是的,像我也喜欢上上班,创业还是怕风险。

老老宋

文中列举上海人的缺点,其实都是低层次的个人感受,小市民的感受,只能是小家子气!上海人,绝大多数是大上海的代表。他们热情洋溢、举止大方、彬彬有礼、为人真诚,长期与上海人相处的感受中,更多的是豪爽、仗义、不拘小节。

作者回复

[强]

亦飞

事物总有优缺两面性，进步在于改正缺点。

作者回复

你的辩证法运用得很好……任何事物都有两面性，这是放之四海都准的话……[偷笑]

张英

一个国家和民族没有信仰，是悲哀的。人的思维始终在自己给自己设定的圆里面走不出来，人的价值观人生观是狭隘的，又怎能有创造力和进取精神。据我所知浙江、福建地区的人很精明，做生意也是在中国有名的，他们之所以不同，就因为他们有信仰的人比较多，这才是他们成功的源头。为什么以色列这么小的国家，他们的农业科技是世界上最发达的，这值得中国人去思考。

＊c 的水

教育资源优越，养老福利完善，社会治安良好～小富即安有什么不好？年纪越大这样心态的人越多……

作者回复

是没有什么不好。欧洲就是向这个方向发展了。只不过要当心竞争力的下降，毕竟现在全球化趋势在加剧，因此会有外来的力量打破你的安宁。

Catherine

穷则思变。江南人的地理位置哪有革命的？问题是革完命的为啥又都在上海呢？子孙又是新上海人，上海到底好在哪儿呢？

作者回复

上海的男人会做家务呀。[偷笑]

伊青

在美国生活了30多年，中国男人讨白人女生的真是不多！经常听到评论是老美女生不爱做家务，难侍候。实际上是理念不同，决定每个妈妈的时间花在哪里！每天看见健身房白人妈妈带着三个小孩子来锻炼！接送孩子参加各种活动，绝对没有闲着。至于说上海女生矫情，不知定义是什么？[调皮]可有个事实，上海朋友人家很少会为了洗碗拖地等家务事夫妻争吵。[偷笑]

单人单车

张总怎么会搅在一个地域帖里，始料未及，个人浅见：人之常情但没必要，逆耳，见谅，海涵！

作者回复

我的文章是自己的思考锻炼，也是让他人反思，并参考辩论。我觉得，聪明的人会从这些分析中反思自己以及自己的族群，以便去其糟粕、吸其精华。当然，也有一些人生气，觉得伤了自尊。但我不是为这些人写的。喜欢我文章的读者一般会偏向于理性，情绪稳定。

品牌砖家门诊一坦陈

上海的人才结构比较完整，每个层次都有高于全国平均素质水平的人才，从最基层的熟练工、技术工，到最高层的金领、"白骨精"，在就业上优势明显。而创业的人，80%以上是被迫的，15%左右是误打误撞的，5%以下是主动的。这可能就是上海人创业动力不足的主因。

作者回复

分析得很有道理。

米空一泡污

不是很懂，怎么得出江浙人比上海人更有创新精神的？在上海的江浙人都是敢闯敢拼的，不然不会来上海，那留守在江浙老家的江浙人就不算江浙人了？同理可能在上海待着的上海人比较保守，在上海以外地区打拼的上海人就不算上海人了吗？我没有具体资料，纯属好奇。

宽

早期为什么有那么多上海著名企业？解放后计划经济后都被公司合营了。而且上海是大政府管理最严最规范的城市，市民也难打擦边球。如果有一个同等规范的环境，上海的创业能力就未必差！试问目前成功的民族企业有几家落户上海的？而为什么多数500强外企都偏爱上海，而将总部设在此，仔细想想这些问题，很多问题就明白了。

作者回复

是呀，为什么呢？

米兰

你分析得不无道理。

铭铭（名：天明 小名：阿明）

作者讲的，一语中的。现在，上海人最大的弱项就是缺乏吃苦耐劳和创业精神。这恐怕与城市福利保障和收入水平提高是正相关，抑或是被城市涌入大量的外来务工人员惯坏的；同时，也应验了"穷则思变"这句颠扑不破的名言。毕竟，上海人不是犹太人，也没有经历过犹太民族遭遇的那般沉重磨难，缺乏危机感和使命感些许可以理解。

作者回复

是的，犹太人有危机感，上海人没有。

陈富发

我同意张鹏先生对上海人最大缺点的分析！我是一个老上海人，我从先生精辟的分析这面镜子中看到了我自己以及一些老上海朋友。上海人要始终处在改革开放的领跑线，一定要改掉这些缺点，要具备敢于创业和创新的精神。但是，上海人的一些优点也的确是客观存在的。我的纽约邻居和交流圈子中很多是欧裔、非裔知识阶层，当他们听说我是来自上海时,表现得都很热情和亲切,谈话中时而会对上海人的认真、守规矩、契约精神、勤奋的质量表示欣赏。他们也很明白,上海人是优秀的中国人!

作者回复

谢谢。

Jimi 季立峰

你的两篇文章所述观点我完全认同。我是上海人,我欣慰于你所述上海人的优点,也同样欣然接受你所讲的缺点。一地的发展水平如何,其实最根本的是取决于其地域文化的先进与否。这些年来我时常对朋友讲:现在出门在外与陌生人讲话不敢开口便是上海话了,因为对方常常听不懂,故开口就讲普通话了。我既奇怪更庆幸的是,外地人这么多了,可上海依然是上海,伟大的海派文化未变,甚至一点都未变。上海无力去洗外省市的脑,那就多多欢迎外地人来上海吧,让海派文化给他们洗礼,最好同时中央再准予上海行政区域扩大,不断扩大!中国那个强大则是要惊掉外国人的下巴的!要知道上世纪80年代前,上海的产值是全中国的六分之一。你想想,当中国即上海,上海即中国时,世界将会怎样?

作者回复

看来,我们的观点一致。

史君

这个与教育体制也有一定的关系。家庭、学校、整个社会的教育理念是分不开的。虽然国家提倡创新,但这不是口号式的喊喊,而是基础的教育方向等有一系列的配套措施,如还是以一种死背硬记为主的方式去应试,如何能培养出下一代创新思维呢!

作者回复

谢谢,你的分析真好,有深度。这样理性、逻辑的分析对读者有益。

敬军

上海人被习惯作奉献了,聪明才智思维定势是如何高效产出,做大蛋糕然后自己可留下的那份似乎多一些。创业就是设法将别人的奉献整合到自己手中,成者扬名,败者无闻。也有许多人创业成功,小康即富不求做大,有止赢的股市思维,若合天意,让下一代在此基础上再发展,何必暴富一时?上海人理性多了点,缺了点野性。创业的第一桶金往往与贪婪和原罪结合在一起的居多,奉公守法的上海人难以奠定这第一桶金的。错过了人生财富,但遵守了人生准则,日子过得去,悠然自得,也算一种人生吧!

作者回复

是的,这也是一种不错的人生哲学。

Jinzhen

分析到位。

乖乖龙滴咚

要让自己不被歧视,首先应该从自己做起,而不是要求他人改变对你的眼光。

韩冰

两篇文章我都拜读啦,写得很客观非常好,把几年来我的观察都有条理地总结出来。我是东北人,东北人和上海人的反差很大,原来我不觉得,待的时间越长感觉越明显。上海人低调,东北人能装;上海人务实,东北人务虚;上海人精致,东北人粗放;上海人文化底蕴深,东北人文化底蕴浅;上海人尊重女性,东北人大男子主义;上海人人与人之间的距离是一臂远,东北人人与人之间的距离是一拳远;上海人答应的事就能做到,东北人答应的事不一定算数;上海人在咖啡厅谈,东北人在酒桌上谈;……我说这些不是绝对的,哪儿都有好人都有不咋好的人,但总体上上海的文化是先进的,是值得我们学习和借鉴的。

作者回复

谢谢。如果东北人看了你的评论,会不会怀疑你是上海人的托?〔偷笑〕

开心路小小

老毛说过的:穷则思变。这句话永远是对的。同时,有好点的生活就缺少了创新改革的动力。

戴小旭

个人认为,原因之一是当人脱离原来熟悉舒适区(老家),初到全新的环境,由于资源的缺乏(比如人脉,对当地文化的了解,房屋资产等),会有更强的竞争意识,从而激发创新和创业潜力,更加愿意去付出和拼搏。相信上海人也有这种潜力,当他们去到外地,这种潜力也会被激发。写到这里,我联想到除去地方政府政策地理位置等因素,外来人口多、人员流动幅度大的地区应有更强的创新和创业的活力……

作者回复

但绝大部分上海人都不愿意去外地,连上大学都不愿意离开上海。现在许多出国留学的上海人都选择回到上海。

王诗莺

我是 72 岁的老上海人,说得太对太对,上海人确实如此,对上海人的评论是高水平的!举双手赞同!

作者回复

谢谢你的点评和认同。

shu

应该是湖南人爱革命,上海人爱生活,所以你会觉得大企业家才算创业成功,而上海很多民营私营企业只是默默地在贡献 GDP 与就业岗位,而不是追求上市和成为大企业,毕竟轻舟易行,大船易沉。

作者回复

有道理。

步

人不分南北！每个地方都有优点和缺点。

石老师

说明了文明程度相对高的优缺点。